# 衔能

成为新产品和服务提供方的生活者及其影响力

## 生活者"动"察2016
The Dynamics of Chinese People

博报堂生活综研(上海)

文汇出版社

# 【前言】

## "轻创业者"的行为给社会带来的影响

去年,我们博报堂生活综研(上海)针对正在经历巨大变化的中国生活者的消费欲求及他们的消费行为进行了深入的研究,并将这种不断持续出现的新型消费行为命名为"出格消费"。在探索新型消费行为的过程中,我们开始注意到一个新的现象。那就是,由于这些新型消费的产生,提供方也正在以惊人的速度逐步趋于多样化。并且,其数量是极其庞大的。

在中国,一年内有近440万家,每天有超过一万家的新公司成立,支援这些创业行为的民间投资公司也在转瞬之间超过了两万家。此外,据调研*显示,为获取不同程度的收入,有超过七成的被访者在从事副业。在这两三年间,开展创业、副业的人飞速涌现。我们发现,多数人是以轻松享受的心态,通过利用社交网络来开展事业的。据称,基于社交网络平台的商品贩卖店铺数已经达到数千万家。

原本就有着旺盛的创业精神和商业灵魂的生活者,以高度进化的智能手机为自身武器,在各个领域开展了很多新的事业。这就是"轻创业"的出现。中国仿佛迎来了全民提供方的时代。消费行为在不断细分化、多元化的发展进程中持续膨胀。与其相呼应的是多种供给新关系的应运而生。而这混杂的现象不仅仅只存在于经济行为中,同时也在不知不觉中扩散至文化、艺术、娱乐等各种领域。

既是买方身份,同时又是卖方身份的中国生活者。自己非常想要拥有的事物。自己意识到如今社会所缺乏的事物。或者能让整个社会生活环境变得更舒适的事物。虽然已经实现了巨大发展,但仍留有各种未被解决的课题的当今中国社会。在这样的社会中,自己成为商品或服务的提供方,在不断改善这一系列问题的过程中,享受这一过程并造就出巨大能量的生活者。这种能量创造出了需求方和供给方之间的新的螺旋,并不断引导其上升发展。如今的中国社会正在逐渐成为由生活者所主导的社会。

　　以科技发展作为引爆剂,创业、副业行为呈现井喷式连锁增长的中国。永不停歇不断出现的新商品和服务。这些现象与社会有着何种关联,并会将社会推向何方。生活者的欲求和消费行为又会发生何种改变。这便是我们今年的主题。我们诚挚地希望我们的建议能给各企业团体今后的市场营销、广告宣传等商业活动带来切实有效的帮助。

博报堂生活综研(上海)　顾问　加藤敏明

【注释】
＊"中日美三国副业现状调查"

# 我们的研究方法

　　本次研究生活者消费行为选用的方法是博报堂的生活者研究手法"INSIGHT**OUT**®"。

　　"INSIGHT**OUT**®"大致可分为以下3个步骤。

　　第一步：着眼于"看得见的现象"，并从不同的观点出发，对同一个现象展开多角度的分析。以本次研究来说，着眼点就是当今显著增加的创业及副业现象，并从中解读生活者的新型行为。

　　第二步：将"看不见的欲求"明确化。"看不见的欲求"指的是"看得见的现象"背后潜藏的"根本的欲求"。本次研究中，我们先洞察了生活者开始创业及副业背后的根本欲求，并将其对"消费社会带来的影响"总结成了关键词。

　　第三步：描绘出今后的新生活景象，或者为企业的相应对策提出建议。本次研究中我们也同样就今后的市场营销活动提出了一些新的观点、启示及具体案例。

# INSIGHT**OUT**®

看得见的
现象或行为

对市场营销的
启示

欲求的
深挖

欲求的
具体化

发现潜在的根本欲求

# 我们的调研数据

1. 博报堂
   **【博报堂Global HABIT】**

   调查城市：　　　北京·上海·广州
   调查对象条件：　15~54岁男女 中高收入人群
   调查样本数：　　2,400ss(各城市800ss)
   调查时期：　　　每年5~8月

2. 博报堂生活综研(上海)
   **【中美日三国副业现状调查】**

   调查城市：　　　中国：一线城市3城(北京·上海·广州)；
   　　　　　　　　二线、三线城市各3城；
   　　　　　　　　日本：东京·大阪；美国：纽约·洛杉矶.
   调查对象条件：　各国20~59岁男女；
   　　　　　　　　中国家庭月收入：
   　　　　　　　　一线城市：7,000~30,000元
   　　　　　　　　二线城市：5,000~15,000元
   　　　　　　　　三线城市：4,000~13,000元
   调查样本数：　　中国：2,700ss(各城市300ss)
   　　　　　　　　日本：400ss；美国：400ss
   调查手法：　　　网络调查
   调查时期：　　　2016年10月

3. 博报堂生活综研(上海)
   **【中国副业意识调查】**

   调查城市：　　　一线城市3城(北京·上海·广州)；
   　　　　　　　　二线、三线城市各3城；
   调查对象条件：　20~59岁男女；
   　　　　　　　　家庭月收入：
   　　　　　　　　一线城市：7,000~30,000元
   　　　　　　　　二线城市：5,000~15,000元
   　　　　　　　　三线城市：4,000~13,000元
   调查样本数：　　2,700ss(各城市300ss)
   调查手法：　　　网络调查
   调查时期：　　　2016年11月

4. 博报堂生活综研(上海)
   **【"轻创业者"采访】**

   调查对象条件：　"轻创业者"※提供服务的人中接受我们采访的人。
   调查城市：　　　全国
   调查样本数：　　40人
   调查时期：　　　2016年9月~10月

※调查机构：　1 ： 央视市场研究股份有限公司(CTR)
　　　　　　　2~3： 上海诚越市场研究有限公司(Consumer Insight Research)
　　　　　　　4 ： 博报堂生活综研(上海)

# 目录

# 全民提供方时代的到来

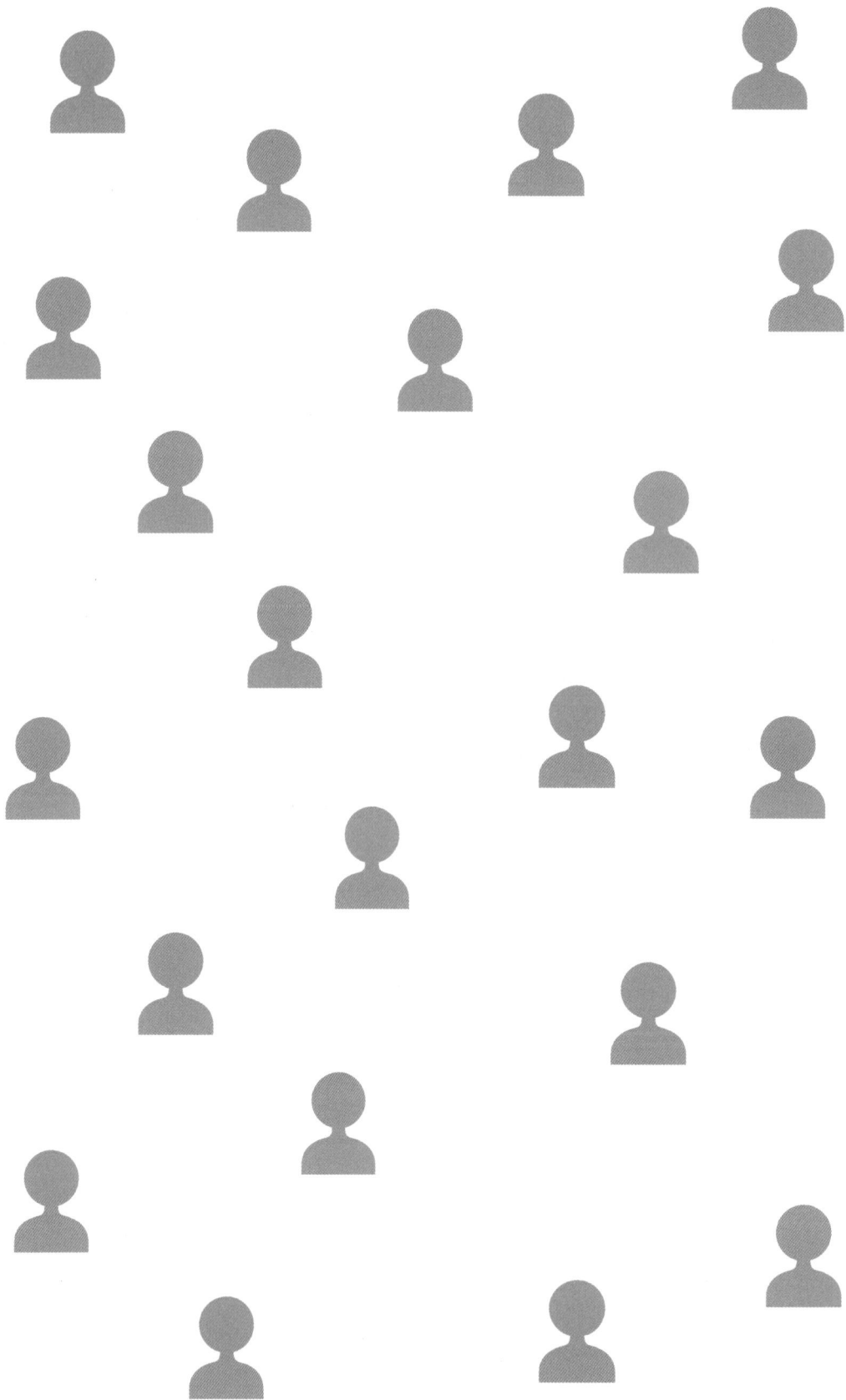

# 创业/副业的兴盛

# 创业热潮愈演愈烈

　　近两三年来，整个中国社会仿佛都沉浸在创业的热潮中。不管是屡见于报端的90后创业佳话、此起彼伏的众筹项目，还是四处开花的创业论坛，或是应者云集的"创客空间"，时下的大众创业热潮大有愈演愈烈之势。

　　国家工商行政管理总局统计数据表明，2015年的全国新注册企业约为444万户，比2012年（193万户）增长了2倍有余。也就是说，如今中国平均每天会有超过一万户的新企业诞生，而这一数目相当于日本的40倍，美国的7倍。

　　需要补充的是，眼下的创业热潮并非空前绝后，因为光是回顾离我们最近的一段历史，便可以追溯到至少三次称得上规模的创业风潮，它们分别发生在上世纪80年代改革开放初期、90年代南巡讲话时期，以及2000年后的IT产业蓬勃发展之时。从这个意义上来说，主要得益于科技进步的本次创业风潮，可以称得上是"第四次创业潮"。

## ■ 中国新注册公司数量增长

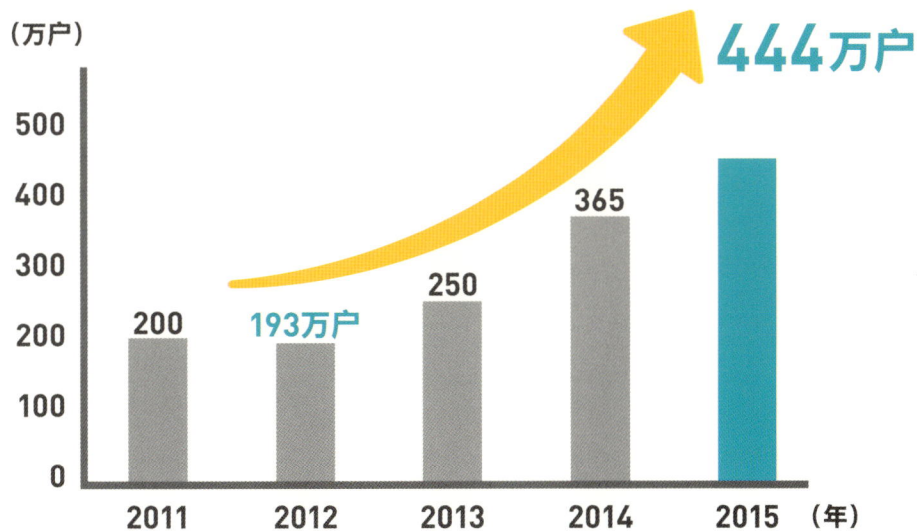

（万户）

444万户

| 年份 | 数量 |
|------|------|
| 2011 | 200 |
| 2012 | 193万户 |
| 2013 | 250 |
| 2014 | 365 |
| 2015 | 444万户 |

出处：中国国家工商行政管理总局

## ■ 中美日三国新成立公司数量比较

每天新成立公司数（2015年）

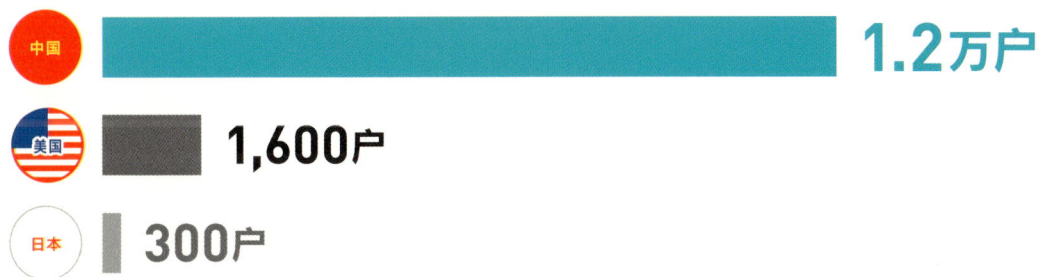

中国　1.2万户

美国　1,600户

日本　300户

出处：　中国　：中国国家工商行政管理总局
　　　　美国　：KAUFFMAN INDEX
　　　　日本　：日本法务省

# 副业活动也如火如荼

时下兴起的不只是创业，还有看似社会各界都在全情投入的副业活动。

我们在北京、上海、广州实施的调查结果表明，目前中国从事副业活动的人员比率高达七成以上，而这里的副业还不包括最常见的炒股或投资行为。相对于美国和日本来说，中国简直可以称得上是"副业大国"。

通过该项调查我们还发现，人们开始从事副业的时间多集中在最近两三年内。事实上，一个最能直观反映副业活动之盛的现象就是，在我们的身边，开始兼职做微商的人似乎越来越多了。像这样的"副业主"，您身边又有多少呢？

## ■ 中美日拥有业余收入的人群比率

除了本职工作以外，有其他业余收入吗？
（股票、投资、房产租赁收入除外）

中国 **73.1**%

美国 **40.3**%

日本 **13.8**%

出处："中日美三国副业现状调查"

## ■ 开始副业的时间

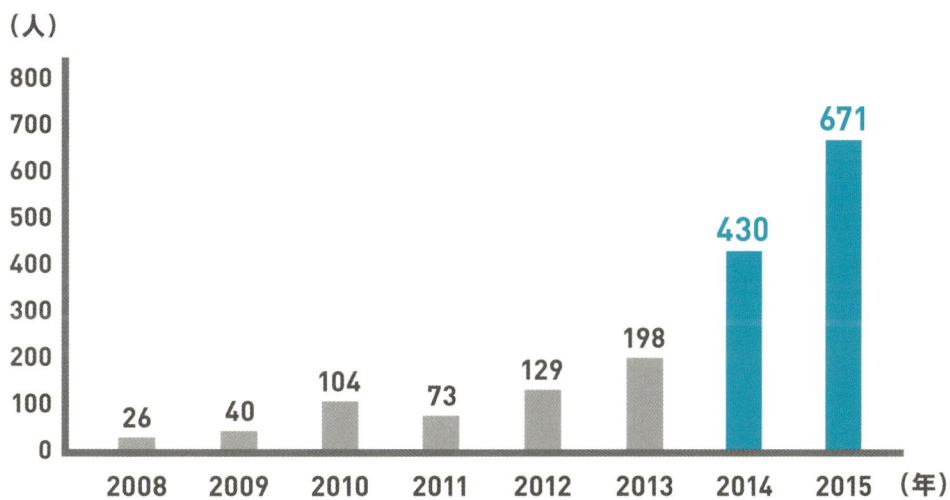

（人）

| 年 | 人数 |
|------|------|
| 2008 | 26 |
| 2009 | 40 |
| 2010 | 104 |
| 2011 | 73 |
| 2012 | 129 |
| 2013 | 198 |
| 2014 | 430 |
| 2015 | 671 |

出处："中日美三国副业现状调查"

# 全民提供方时代

在我们的调查中,对于"今后,是否想要贩卖商品"这一问题作了肯定回答的人占到了半数以上。同时,有80%以上的人都表示今后想要尝试"将自己的知识或技术作为服务内容向他人提供"。值得一提的是,不只是年轻人,各代际人群都对此表现出了明确的积极态度。

考虑到目前社会上从事副业的人员比率已高达七成之多,而今后又有超过八成的人希望为他人提供服务,中国的潜在副业队伍可谓是非常庞大。再稍微夸张一点地说,我们即将迎来的是全民提供方的时代。

## ■今后，想要贩卖商品或提供服务的人

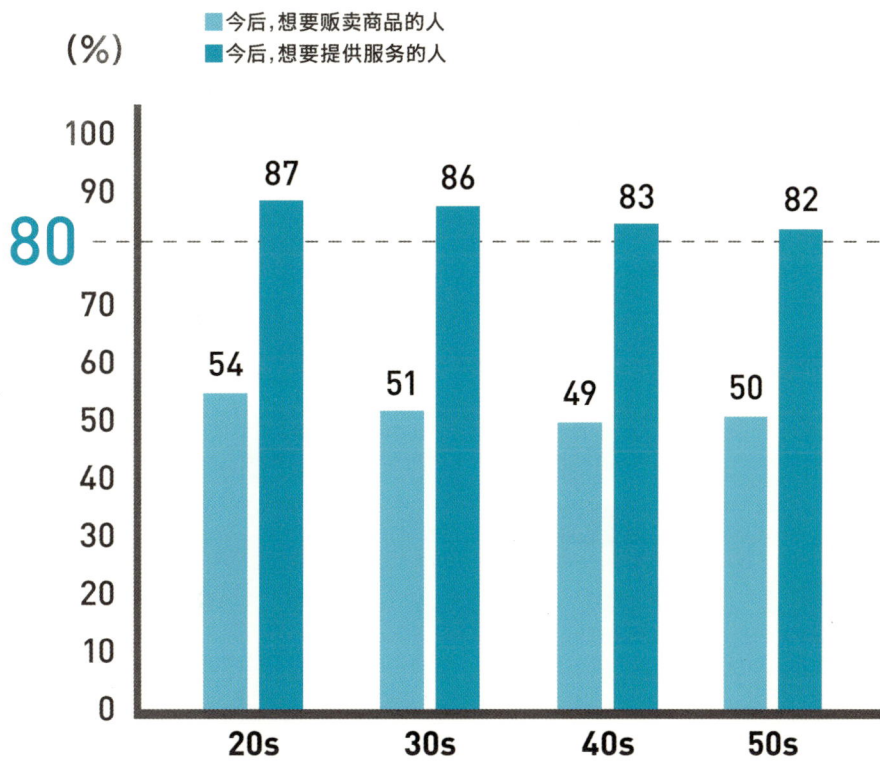

（%）

■ 今后，想要贩卖商品的人
■ 今后，想要提供服务的人

| 年龄 | 贩卖商品 | 提供服务 |
|---|---|---|
| 20s | 54 | 87 |
| 30s | 51 | 86 |
| 40s | 49 | 83 |
| 50s | 50 | 82 |

80

出处："中日美三国副业现状调查"

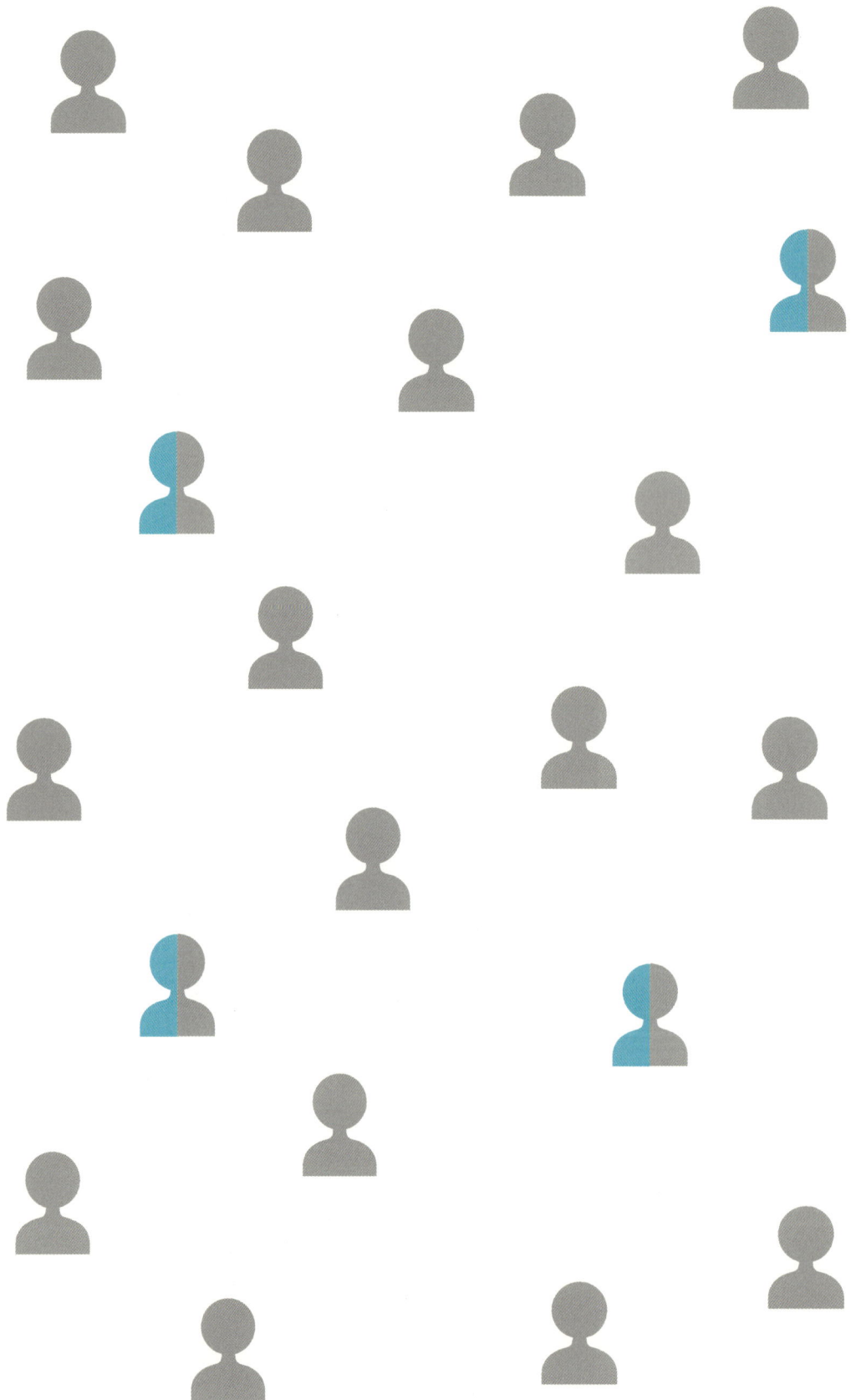

# 新型创业/副业的特征

# 互联网及智能手机的运用

　　近两三年的创业/副业的一个显著特征是充分借助了互联网和智能手机的力量。以前想要创业，先要筹一笔为数不少的启动资金，还要办理一系列繁琐的注册手续，费钱费时又费心费力，总的来说很容易让人望而却步。而自从有了网店这个形式，创业的门槛被大大地降低了。尤其是有了智能手机以后，人们很容易就可以调用自己的空闲时间，轻松地开展各类创业或副业活动。

　　接下来我们就将以此为切入点，从以下三个方面来详细解说新型创业/副业的具体特征。

**1.由个人开展的新型【商品提供】**
**2.由个人开展的新型【服务提供】**
**3.由个人开展的新型【内容提供】**

个人的
商品提供

个人的
服务提供

个人的
内容提供

# 由个人开展的
# 新型【商品提供】的扩充

　　借网络之便开展的各类创业/副业活动中，最常见的莫过于在网上出售商品了。由个人开展的销售活动盛况最初出现在2005年前后，主要源于淘宝用户的大幅度增加，而最近比较盛行的则是以手机APP应用软件为平台开展的各种微商活动，个人很容易就可以出售化妆品或土特产等商品。

　　相较而言，淘宝需要通过做广告宣传来提升知名度，而微商因为本身植根于社交平台，在传播上有着天然的优势，所以微商显然更容易上手，选择从事的人自然也比较多。更有报道称，从事微商的人数在2015年已经达到了一千万人以上。鉴于同期的统计结果表明目前便利店的门店数尚不足两万，小卖店的店铺数也未到七万，应该说，社交平台上的个人商店已经是星罗棋布了。

# 个人的商品提供

# 由个人开展的 新型【服务提供】的扩充

　　近期创业/副业的另一个重要特征是,不仅"商品提供"行为在增多,各类由个人开展的"服务提供"行为也得到了大幅度的扩充。以往的副业所能提供的"服务"内容多局限在销售员、保安、家教等传统领域,但现在它能涵盖的范围变得非常广泛,比如说"打的叫车"、"画肖像画"、"陪同看病"等等,而这些新型的"服务提供"多半是通过互联网、智能手机开展的。

　　由个人开展的新型"服务提供"活动还有一个特点就是,它是建立在有效利用个人爱好或特长的基础上的。譬如说摄影爱好者提供的摄影技巧咨询服务、掌握中药知识的人提供的中药咨询服务等。

　　看起来,在中国,乐于享受这类由个人开展的新型"服务提供"的人正在急剧增加。我们以某个专业提供知识技能有偿分享服务的APP应用软件为例,根据报道*,其用户数在过去的仅仅一年间就增加了一千多万人。而在日本,虽然从几年前就有了相似的同类软件,但用户的增长幅度却非常缓慢。

＊报道:http://www.iyiou.com/p/26409

# 个人的服务提供

# 由个人开展的
# 新型【内容提供】的兴起

另一个值得注意的现象是，最近似乎"直播"也开始加入为副业的业务范围了。所谓"直播"，就是通过网络播放个人玩游戏、唱歌等娱乐过程或是进餐时候的样子，看直播的观众则可以用钱购买礼物赠送给提供直播的人。其中，甚至还有年轻人通过直播赚取奖赏，一个月就赚到了数万元。

中国的直播市场规模非常庞大，不仅涵盖了200个以上的APP应用软件，视听人数更是达3.2亿人之多。

事实上，"直播"所提供的内容，多半属于个人兴趣爱好或特长的延长线范围。从这个意义上来说，它也算得上是一种半带娱乐性质的副业。

# 个人的内容提供

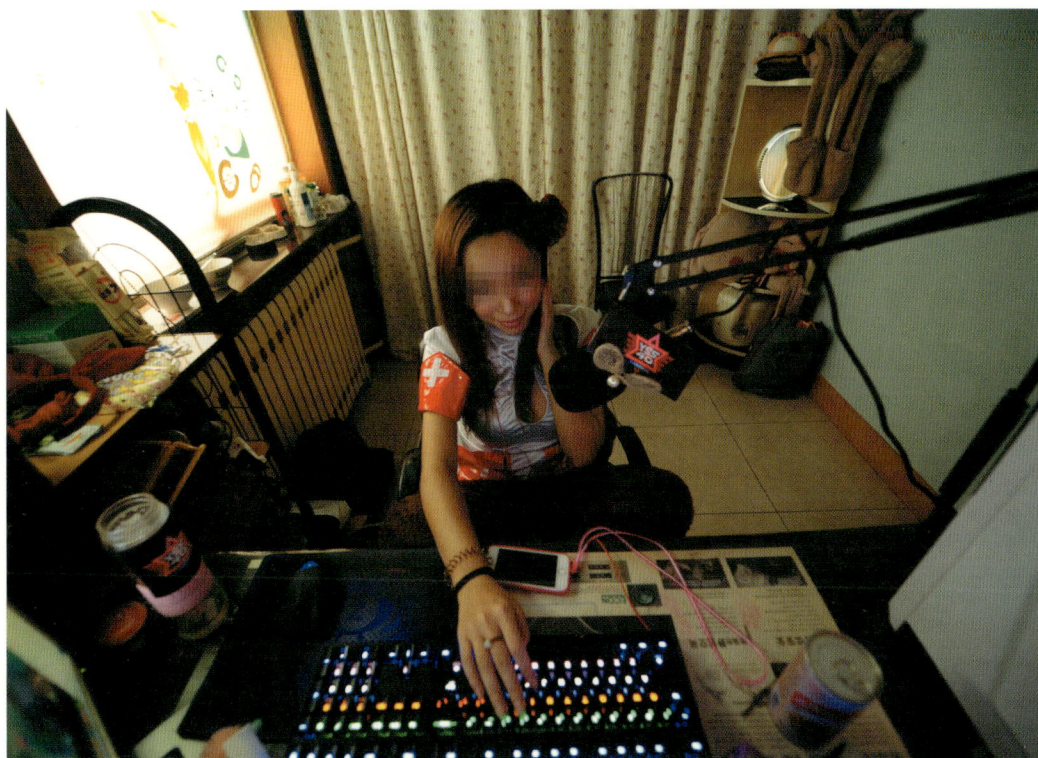

正在家中进行直播的女士

直播视听人数： **3.2亿人**

出处:CNNIC"中国互联网络发展状况统计报告"

# 创业/副业新风采："轻创业"的出现

前面列举的"微商"、"知识技能的有偿分享"以及"直播"都算得上是近来较有代表性的一些新型创业/副业活动,而这些新型活动的特征,大致都可以归纳为以下两类:

1. 有效运用网络及智能手机轻松创业。
2. 充分发挥兴趣或特长半带玩乐地开展副业。

相对而言,以往的创业/副业大多门槛较高,动机往往来自对金钱的追求,而如今的新型创业/副业活动则带有更多玩乐的性质,心理层面上也明显更加轻松。正是出于这个意义上的考量,在此我们将这类新型创业/副业活动统称为"轻创业"。关于这个命名,需要补充说明的一点是,"轻创业"一词并非我们原创,大概从去年开始便时被提及,不过几乎从未有过统一明确的定义。

| 个人的<br>商品提供 | 个人的<br>服务提供 | 个人的<br>内容提供 |
| :---: | :---: | :---: |
| ▼ | ▼ | ▼ |

## "轻创业"的诞生

—— "轻创业"的定义 ——

**1** 运用网络及智能手机
**轻松创业**

**2** 发挥兴趣或特长
**半带玩乐地开展副业**

# 世界最大的电子商务市场

近几年来,中国的消费者们对于网购延续了他们一贯的热情,使得整个电商市场获得了持续性的蓬勃发展,如今已是稳居世界最大电商市场的宝座。有数据称,2015年的电商零售额约为6160亿美元,占中国社会零售总额的15%左右,并且有望在2018年达到整体的三成,而其中,"个人之间的交易额"就占到了一半左右。

市场源于需求,或许正是这种中国消费者对于电子商务的狂热需求推动了无数个体间交易的诞生。也就是说,巨大的电子商务市场为个体间的商品及服务交易,即我们定义的"轻创业"提供了坚实的后盾,另一方面,"轻创业"的发展又反过来刺激和推动了电子商务市场的持续扩容。

综上所述,电子商务市场和"轻创业"两者之间何者为因何者为果我们姑且不论,可以肯定的是,"轻创业"潮流的涌现,对于"个体之间的交易"进一步影响整个社会零售市场有着非常重大的意义。

## ■中美日三国的电子商务市场规模

(USD, Billion)

600
500
400
300
200
100

2006　　　　　2010　　　　　2015　（年）

**CHINA
616B$**

**U.S.
342B$**

**JAPAN
114B$**

| 在社会零售总额中占比 | |
|---|---|
| 2015年<br>（实际） | 2018年<br>（预测） |
| **15**% ▶ **29**% | |
| **7**% ▶ **9**% | |
| **5**% ▶ **7**% | |

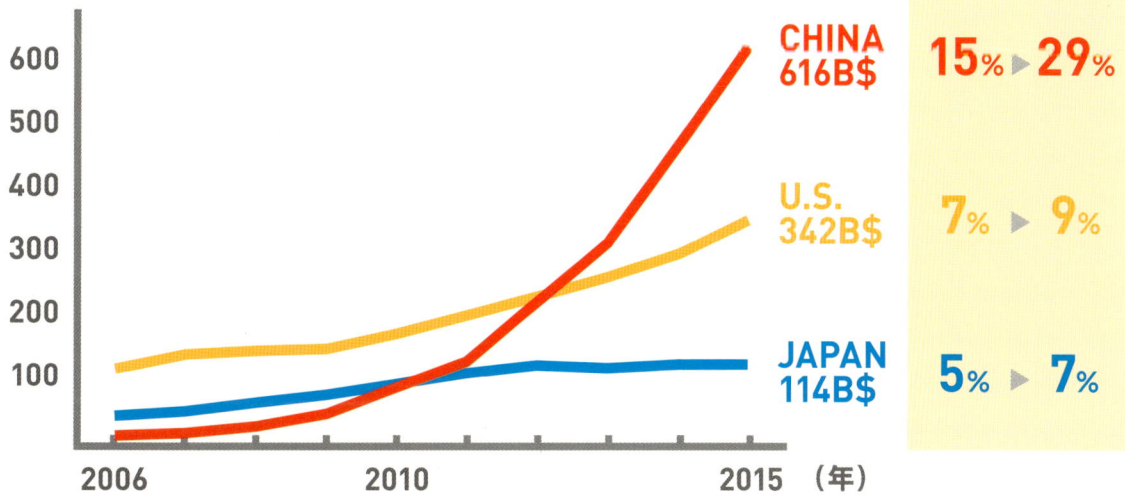

出处： 1)电子商务市场规模：中国CNNIC，美国人口普查局，
日本经济产业省(BtoC市场) 各2016年；
2)在社会零售总额中所占比重数据：eMarketer(2015年)

## ■电子商务中个人之间的交易额占比

中国 **48**%

日本 **20**%

出处： 中国　中国电子商务研究中心(2016年)
日本　野村总研 / MM总研(2015年 推算)

2

# "轻创业"诞生的背景

# 支撑"轻创业"的
# 智能手机普及率

　　前面我们已经提及,"轻创业"的特点之一是充分借用了智能手机的力量。因为在中国,智能手机的普及程度非常之高。据有关部门推测,2016年智能手机的用户数将过6亿,而根据AC尼尔森的数据显示,一线城市的智能手机保有率已经达到了94%。

　　在这样的环境中,生活者的智能手机使用也自然变得越来越频繁,越来越多样化。不仅用作收发信息,也用来看视频、进行网购,等等。即便是放眼整个世界,像中国这样智能手机无处不在的盛况也是不多见的。从这个意义上来说,中国完全称得上是一个智能手机发达大国。

　　总的来说,正是由于人们非常熟悉智能手机的功能,才能在尝试使用APP应用软件提供商品或服务时不会感到任何阻碍,从而得以轻易地开展各类"轻创业"活动。

## ■中美日三国智能手机用户数

（单位：亿人）

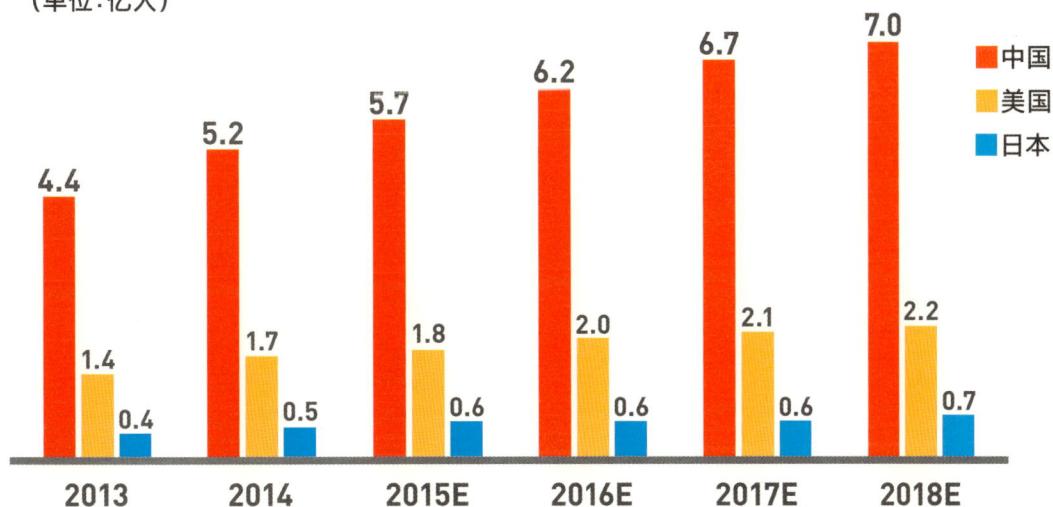

中国
美国
日本

| | 2013 | 2014 | 2015E | 2016E | 2017E | 2018E |
|---|---|---|---|---|---|---|
| 中国 | 4.4 | 5.2 | 5.7 | 6.2 | 6.7 | 7.0 |
| 美国 | 1.4 | 1.7 | 1.8 | 2.0 | 2.1 | 2.2 |
| 日本 | 0.4 | 0.5 | 0.6 | 0.6 | 0.6 | 0.7 |

出处：eMarketer(2014年)

## ■中国智能手机普及率

智能手机用户数　　　**6.2亿人** （2016年预测值）

智能手机保有率(一线城市)　　　**94%** （2015年）

出处： eMarketer(2014年)
　　　AC尼尔森(2015年)

35

# 智能手机上
# 各类供应平台百花齐放

如今,像叫车、外卖、知识技能有偿分享等,基本上谁都用得上的APP应用软件是越来越多了。正是它们,构筑了生活者的各类"轻创业"平台。

当然,在海外也有类似网络叫车、民宿等服务,但中国的特点在于智能手机的使用比率非常高,APP应用软件市场的发展速度也非常快,而且用户人数是极其庞大。

虽然不可否认很多用于提供服务的APP应用软件其实源自海外,不过我们同样可以找出很多中国原创的服务和APP应用软件。在各类APP应用软件百花齐放的今天,要找到一台与任何提供服务的APP应用软件都完全无关的智能手机恐怕也是一件不太容易的事吧。

# 个人知识·技能有偿分享APP相继登场

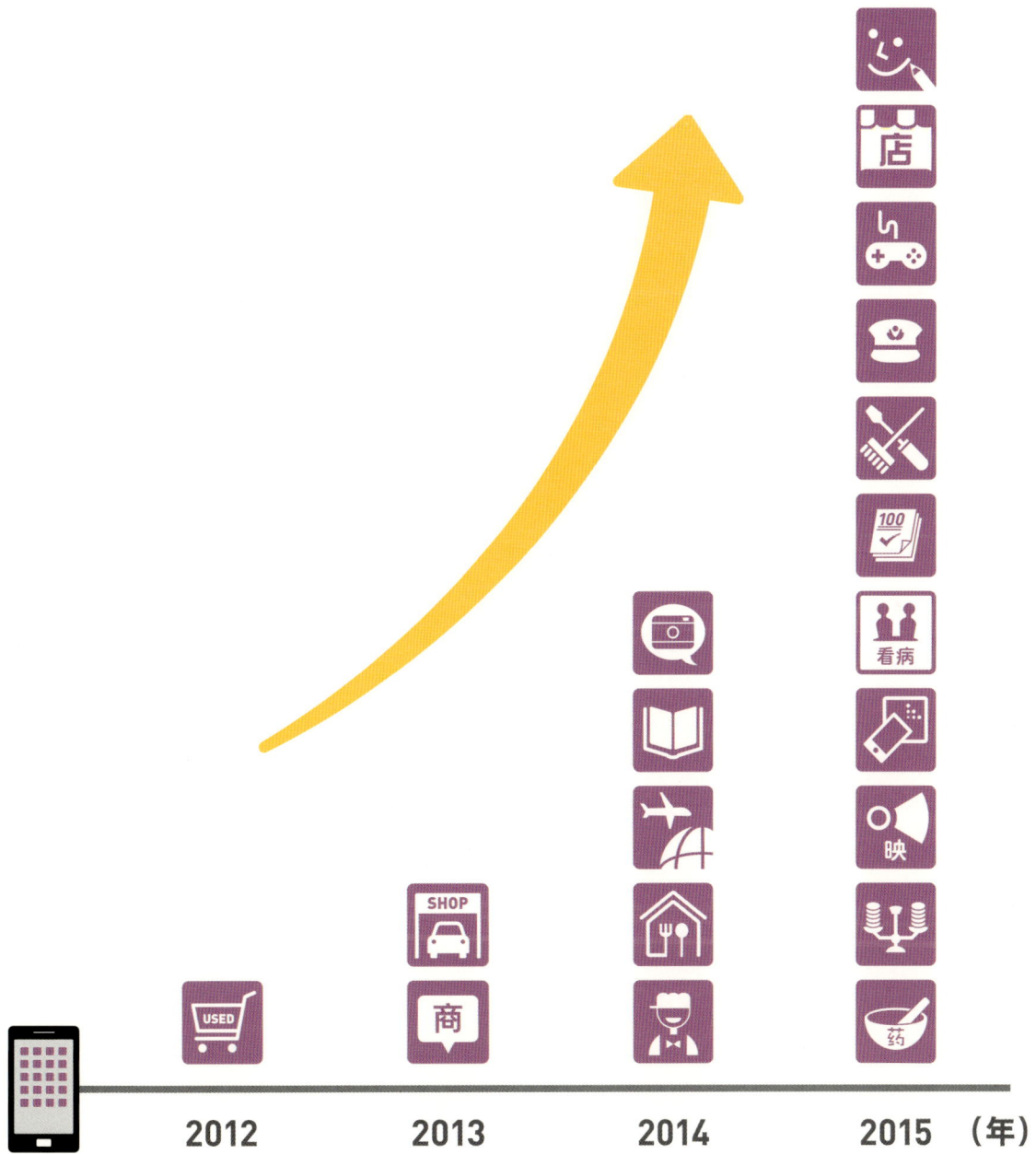

2012    2013    2014    2015    （年）

# 智能手机上
# 移动支付系统得到普及

　　如今,中国的电子结算系统尤其是智能手机上的移动支付系统的使用已是非常普及了。2016年的全国移动支付市场交易总规模为12兆5千亿元,较上一年增长了30%*,光是坐拥4.5亿人用户的支付宝就占据了整体交易额的大约七成**。生活中我们也很容易就能看到购物者使用扫码结算的风景,移动支付似乎已经逐步取代了信用卡和借记卡的位置。

　　移动支付系统的普及使得个人与个人之间的金钱往来变得相当方便,比如说我们只要一键支付即可转账成功。更值得一提的是,因为大家都在使用同一系统,所以几乎不会遇到系统之间不兼容的问题,结算起来非常省心。这也在某种程度上保证了个人间的商业交易活动得以顺利进行。

出处:＊比达咨询
　　　＊＊蚂蚁金服

电子支付使用人数：**4.5亿人**

出处：蚂蚁金服(2016年)

## 消费环境的变化
# 对于未知商品和
# 高品质商品的需求

上文已经论述,"轻创业"涌现的背景之一是网络服务设施的增加,它使得谁都可以简单成为提供方。而使用者的需求扩大则相应地要求市场不断提供出各类新商品及服务来一一满足。

近年来消费环境变化中很重要的一点是全球化发展,因为它直接带动了生活者消费视野的拓展。如今每年会有超过一亿人次出国去体验新的世界,去认识更多更好的事物。同时,数字化技术的快速发展使得购买方法和购买范围都得到了极大的扩充,人们几乎可以很轻易地通过网购在全世界实施购物行为。而随着消费环境的变化,人们对于未知的商品以及更高品质的商品的需求也是水涨船高了。

我们可以预测的是,受全球化和数字化的影响,这种指向未知的、更高品质的需求将会给"轻创业"注入更多新的活力。

# Global化

# Digital化

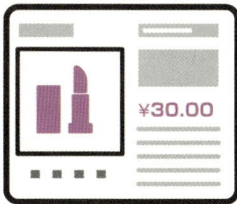

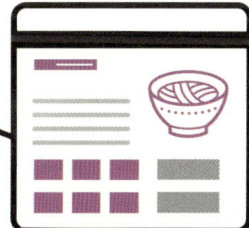

## 生活环境的变化
# 对于更细致
# 更快捷服务的需求

在生活方式日益多样化的今天,追求个性追求自我的人也越来越多。相应地,人们对于更为细致的服务的需求也日趋高涨。譬如说商场里开始出现原创首饰定制柜台,老年人中也有了专门请私教陪练的"新潮人士"。

另外,伴随着生活节奏的日渐加快,希望利用缝隙时间"有所作为"的人也逐渐增多了。这种对于高效利用时间的需求,在生活中则直接转化成了人们对高水准服务的追捧,而其中最典型的莫过于像"当天下单即日送达"之类的快捷服务。

## 生活方式的不断扩展

## 生活节奏的不断加快

# "圈子"的推动力

　　近来,通过"圈子"销售商品的"圈子营销"似乎非常繁荣。"圈子"已不再只是收发信息的场所,更成为了孕育商机的温床基地。依附于"圈子"的微商之所以能红火如斯,大概也和在开始做生意之前,多少可以把握"圈子"中有多少潜在客户这点有关吧。

　　实际上,因为受到"圈子"内"轻创业"先驱者的影响而开始实践"轻创业"的人也为数不少。在这个环节中,"圈子"不只是销售商品用的商圈,也是刺激生活者商业欲望的源泉所在。当然,还有很大程度上的理由是看重"圈子"宣传效应的因素有关。

　　总之,肩负商圈和刺激商业欲望两点的"圈子",无疑是"轻创业"的强大推动力之一。

# 通过"圈子"销售商品

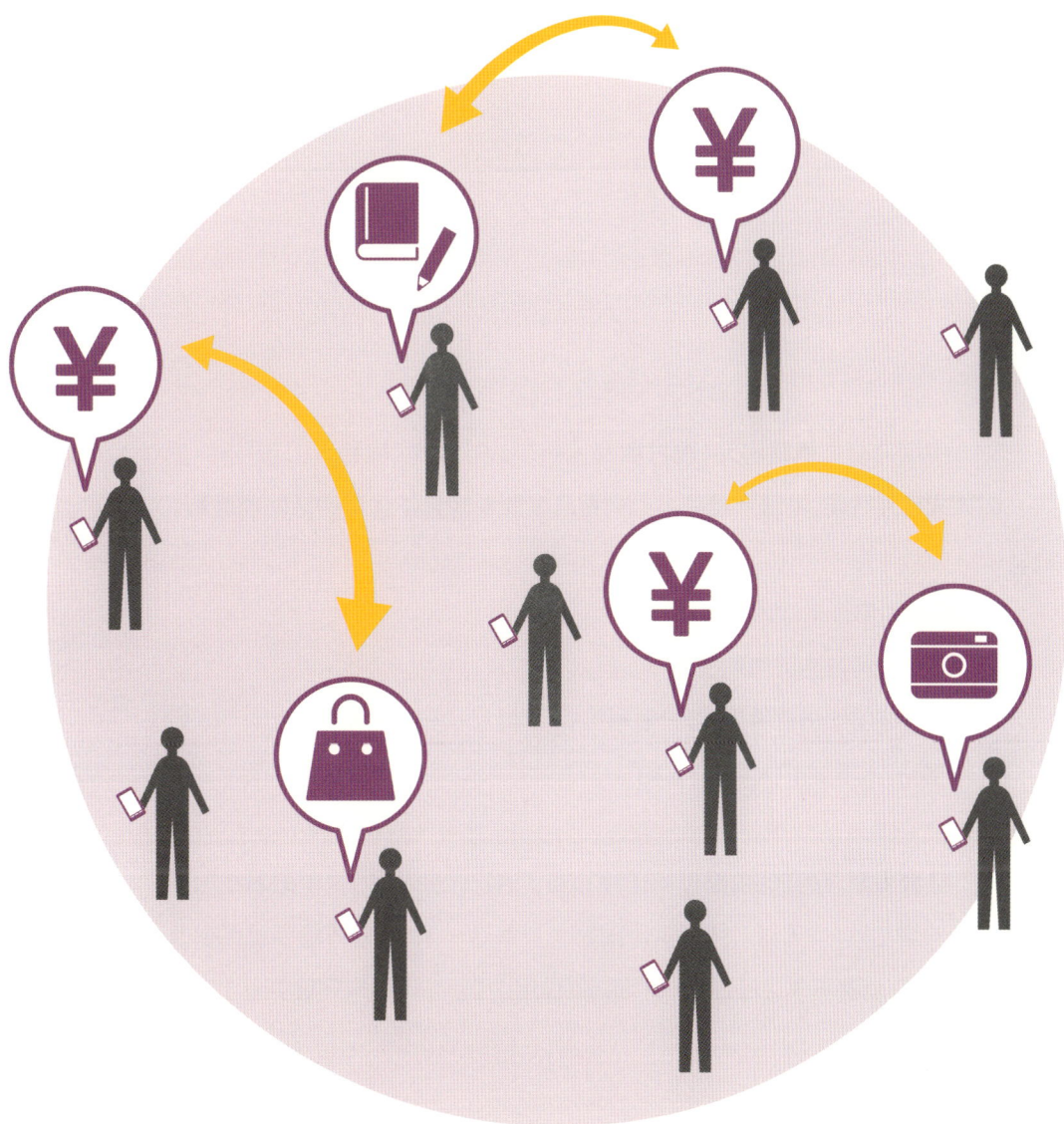

## "轻创业"三要素：
# 天时、地利、人和

中国向有做事情讲究"天时地利人和"之说。"天时地利人和"原指作战时如果自然气候、地理环境和人心向背三个要素都具备优势的话就能胜利。

由此引申开来，我们可将
网络服务设施的增加视为"天时"，
持续旺盛的消费需求视为"地利"，
"圈子"作用的扩大视为"人和"。

这样看来，现在的中国市场已经具备了这三个要素。如果单论网络服务设施的增加这个"天时"，或许其他国家也具备这一条件，但智能手机的普及程度之高，消费需求之旺盛，以及"圈子"作用之强大，恐怕是只有中国才有的巨大特色吧。

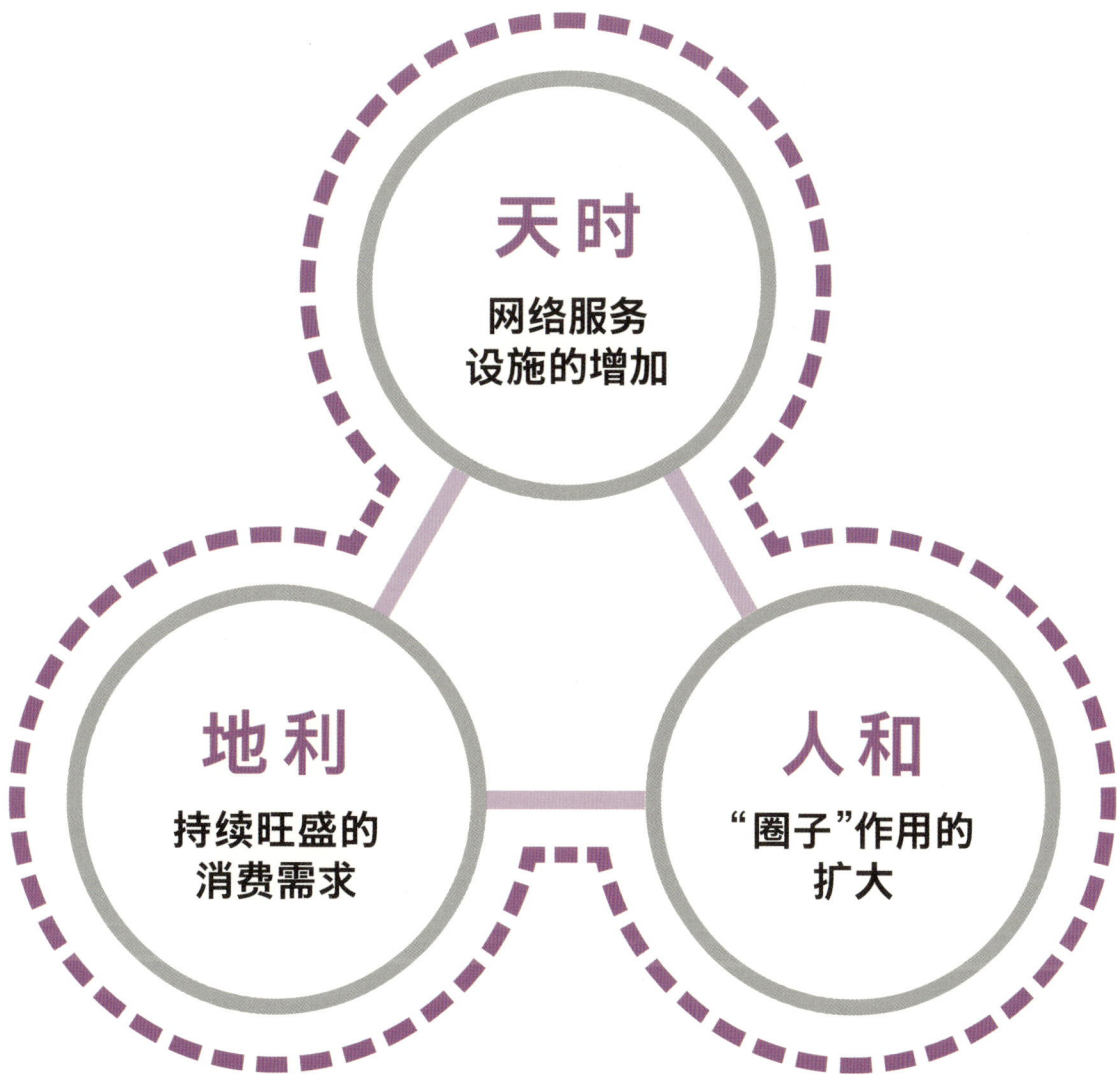

# 与全球化趋势
# 不同的中国特色

　　众所周知，像叫车、民宿等共享经济的潮流几乎是全球性的，中国自然也不例外。不过，稍作分析后我们就会发现，中国的情况似乎有所不同。比如说，美国的共享经济可以理解为是经济不太景气时期的产物，这种时期内的人们对于分享各自的闲置资产持有普遍的肯定态度。

　　而中国则不同，同样的潮流发生在经济仍处于稳步发展、市场也蓬勃向上的今天。更何况，中国有高度发达的智能手机使用环境，生活者旺盛的消费欲求，还有"圈子"等特色因素在背后起着作用。我们说，正是这些因素的交互作用共同促成了中国式的潮流。它与其他国家意在有效利用闲置资产的理念有着本质性的区别。退一步说，由于中国生活者对创业向来持有较为积极的态度，所以利用现有社会资源来开展商业活动也是再合理不过的了。

　　综上所述，虽说中国也有受国际化潮流影响的一面，但相比之下，中国独有的社会环境才是使得"轻创业"潮流诞生的主要因素。

全球化潮流　　　　　共享经济

中国的新潮流　　　　"轻创业"的诞生

⬆

中国独有的
社会环境

天　时　　智能手机上
　　　　　网络服务设施的增加

地　利　　持续旺盛的消费需求

人　和　　"圈子"作用的扩大

# 生活者对于服务需求的意识变化

俯瞰"轻创业"潮流,可以发现开始提供个人服务的人正在不断增多。我们认为,其原因也与生活者对于服务需求的意识在不断变化有关。

博报堂生活综研(上海)根据本次的研究主题,针对人们对服务需求的意识变化在中美日三国实施了调研。

## 对于服务速度的要求

- ■ 比两三年前要求更高了
- 没有变化
- ■ 两三年前要求更高

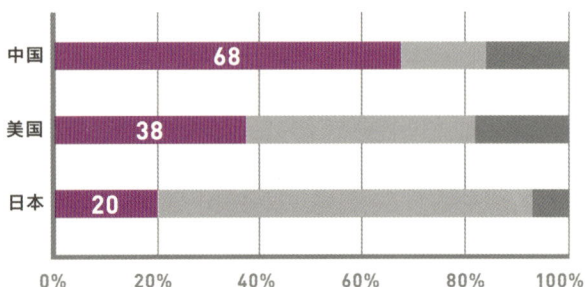

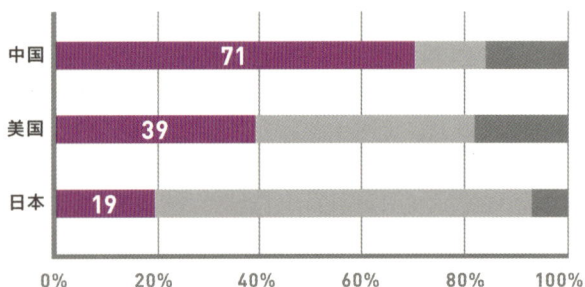

中国 **68**
美国 **38**
日本 **20**

0%　20%　40%　60%　80%　100%

对于"服务速度的要求"这一问题,中国生活者中回答"比两三年前要求更高了"的人占了约七成。相比其他国家,中国生活者对于服务速度的要求正在快速上升。

网购商品的送货到达时间需要在3小时之内,外卖需要在1小时之内,叫车软件需要在10分钟之内等等,人们对于速度的要求变得越来越高,企业也逐渐开始难以满足生活者的这一需求变化了。在这一背景下,将自己个人的空闲时间用来提供临时的外卖送货服务,以此来完善企业服务的人也在不断增加。

## 对于服务专业性的要求

- ■ 比两三年前要求更高了
- 没有变化
- ■ 两三年前要求更高

中国 **71**
美国 **39**
日本 **19**

0%　20%　40%　60%　80%　100%

同时,对于"服务专业性的要求"这一问题,也有七成的中国生活者回答"比两三年前要求更高了"。

在平时的生活中需要一些知识技能方面的帮助时,比起专业性的企业,求助于个人知识、技能提供者的情况正在越来越多。例如,委托博物馆专业的老师做导游介绍,向品酒师咨询红酒的挑选方法等等。如今,个人所拥有的知识或技能,通过APP应用软件平台,成为了可向他人提供服务的资源财富。

# 对于由个人提供的各类服务的使用意向

在由个人提供的服务项目中，人们对各类服务的使用意向又是怎样的呢？

本次调查结果显示，中国生活者对于各类由个人提供的服务的使用意向远远高过其他国家，而我们认为这一特征是由"轻创业"的潮流所引起的。在各类服务中，"陪伴服务"的使用意向在所有服务中得点最高，超过了整体的四成。代替自己陪父母去医院，一起玩网络游戏，帮忙解决恋爱方面的烦恼等等，都是这类"陪伴服务"的服务内容。但是，使用"陪伴服务"的人，并不只是为了解决问题而借助他们的力量，因为可以交友、比较好玩等其他原因而使用由个人提供的服务的人也不在少数。与其他国家相比，"陪伴服务"的使用意向之所以这么高，可能也是和非常注重人脉拓展这一中国的国民性有关吧。

## ■今后考虑通过网络或APP使用由个人提供的服务

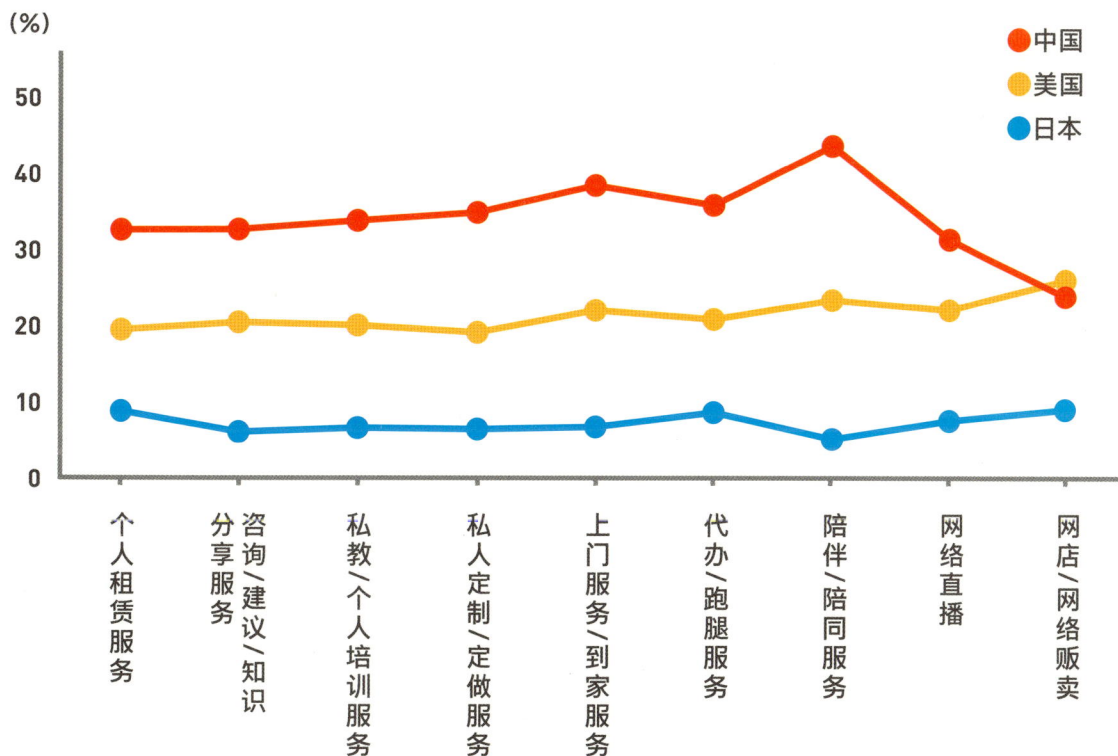

出处："中日美三国副业现状调查"

3

"轻创业者"的
行为及欲求

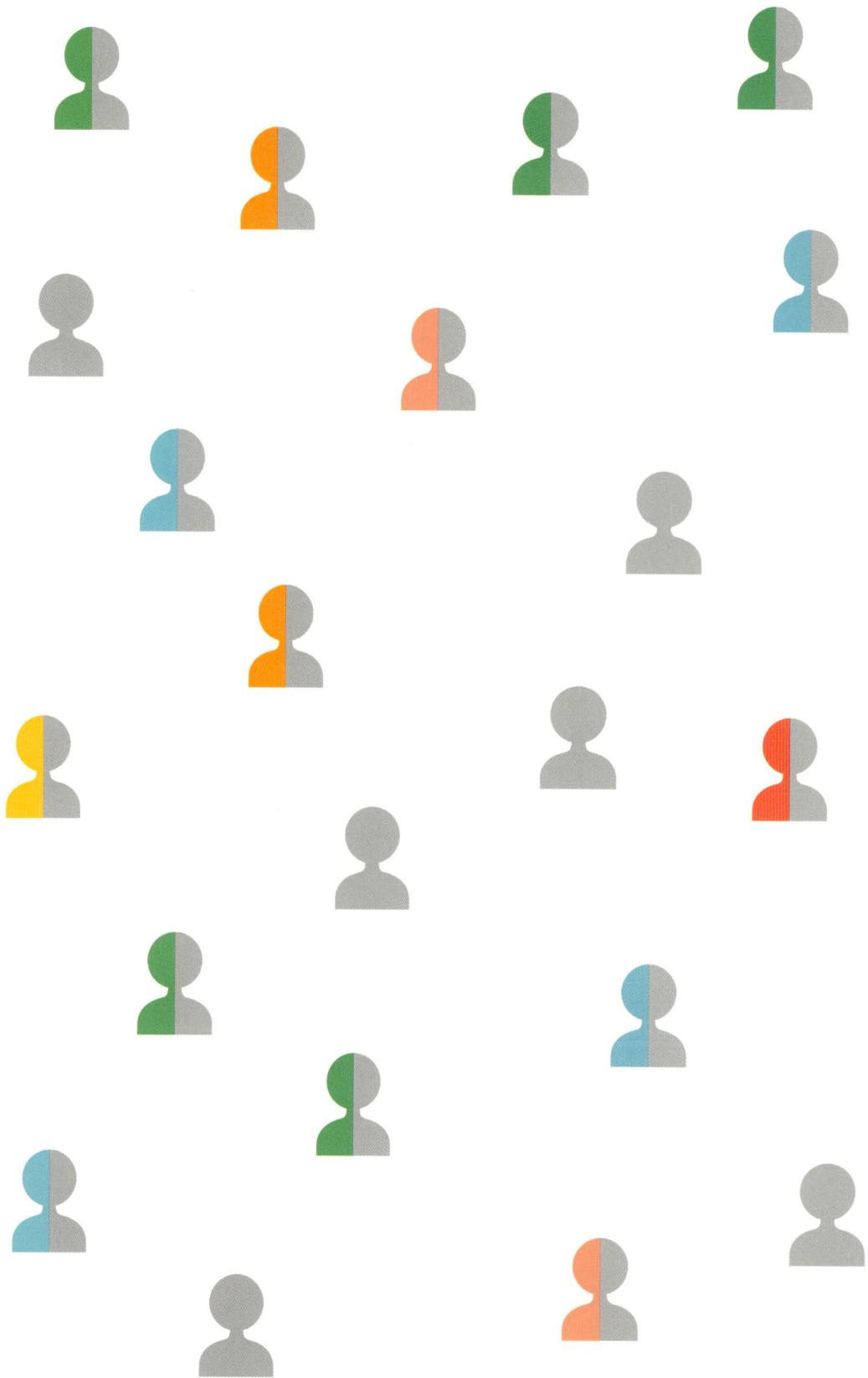

# "轻创业"的根本欲求

# 为了赚钱！？

　　为了更好地把握"轻创业者"的行为及欲求,我们对通过网络贩卖物品或提供知识技能咨询服务的1,968位提供者实施了定量调查,并对其中40位提供者实施了单独采访。

　　最初的疑问是他们销售商品或提供服务的目的是什么?因为一提起创业/副业,我们一般马上能联想到的就是赚钱。确实,这世上没有人不需要钱。不说费时费力提供服务获得报酬是正理,其实有时候原材料也需要成本费。实际上,赚钱本来就是大多数人的目标所在。

　　不过我们也注意到,似乎多数"轻创业者"所从事的是接近自己兴趣爱好的工作。那么,他们真的只是为了赚零花钱,只是为了获取收入吗?

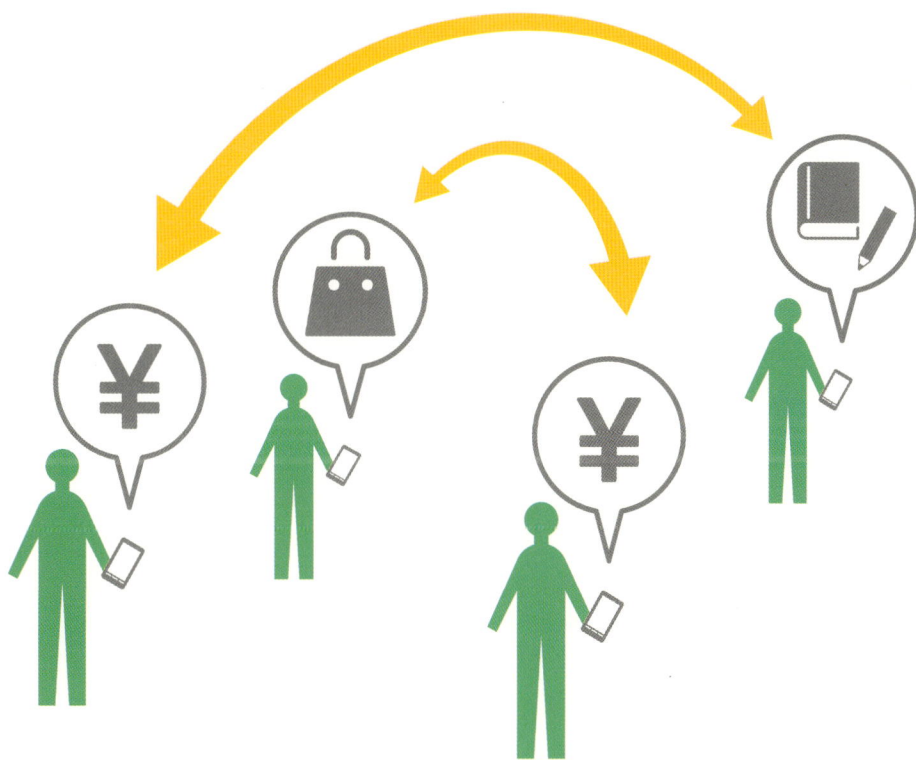

# 将寝室变成便利店的大学生

（北京 20多岁 男性）

这位大学生将大学宿舍的房间装饰得像便利店一样，摆满了琳琅满目的商品，并且提供将商品送到其他学生房间的送货上门服务。起初，我们认为他只是为了挣点零花钱来补贴家用，但在询问为什么提供这项服务时，他的回答却是"每个东西的送货费才一到两元，根本算不上赚钱。做这个是为了积累经营管理的经验"。随后我们了解到，他在大学的专业是经营管理学。通过实际做小生意，可以学习到财务会计、库存管理等课本上学不到的东西。如果将来自己做生意的话，或许会有所帮助。

⇒【积累知识经验】

# 作为兴趣爱好的延伸提供人像手绘服务

这位男士非常喜欢画画，最近开始通过网络提供人像手绘服务，收取的费用基本和材料费不相上下。问其提供这一服务的理由，他回答："比起赚钱，更希望自己所画的画被客人夸奖。同时，满足客人所提的各种要求，也是磨练自己绘画水平的好方法之一"。

（黄冈 20多岁 男性）

⇒【磨练兴趣爱好水平】

# 金融相关的咨询服务

这位女士,运用之前在银行工作的经验,通过"个人知识提供APP应用软件"来向他人提供信用卡相关信息的咨询服务。问其提供理由时,她回答"对于自己这种独自在外地拼搏的人来说,朋友是影响将来发展的重要资源之一"。扩展人脉似乎成为了她提供这一服务的主要目的。

(上海 30多岁 女性)

⇒【扩展人脉】

# 直播国外旅行

这位女士每年都会去日本旅游。最近,她开始尝试直播自己的旅游行程。如今,人们对于人尽皆知的商店及观光地已经习以为常,通常的旅行已经难以引起他人的关注。而她则瞄准这点,通过直播平台向观众介绍"满员电车"及"赏花"等日本的日常生活。因为其独特的切入点,粉丝日益增长,收到的"礼物"也不断增多。"说不定自己也能成为网络名人"……享受对未来的期许,成为了她进行直播的原动力之一。

(广州 20多岁 女性)

⇒【对于将来的梦想】

# 社会发展进程中总有新机会

　　我们注意到，关于"轻创业"的目的，几位被访者都不约而同地回答了"当然不只是为了赚一笔"。他们从事的活动基本都与自己的兴趣爱好或特长有关，在提供商品或服务的过程中会接收到很多评价和反馈，而这些都与"提升技能"或"扩大人脉"有关。对于他们来说，"轻创业"的目的似乎更接近于为了拓展自己将来的可能性。

　　如今，中国已进入指向成熟社会的"新常态"发展阶段。在这样的大环境下，要让所有人都大学一毕业就找到理想工作，或是顺着职场发展轨道稳步上升是不太现实的。好在另一方面，科技的发展使得新的商业机会不断孕育而生，全球化的发展也有利于个人发展空间的扩充，人们对新的事物还是抱有很大的期望。我们推测，正是这种内心潜藏的期望推动了"轻创业者"去努力抓住机会积累知识经验和扩大人脉。

# "轻创业"欲求诞生的背景

## 两大时代背景因素

在社会发展
越发成熟的今天,
**获得与过往同等的
成长已然变得不易。**

科学技术的革新和
全球化的发展,使得
**新的成功机会不断
孕育而生。**

# 根本欲求

当然,"追求自我可能性"这一愿望并不是到了今天才突然萌发的。我们想强调的是,社会环境的衍变促成了生活者"追求全新可能性"的欲求高涨。因为在大环境中任何人都会意识到,只是重复以前走过的路就会越走越窄,反而新的开始会带来更多的发展空间。而通往新的可能性的一条捷径或许就是充分运用自己的兴趣爱好或特长。

以上结果,也在我们开展的一项调查中得到了证实。北上广三地各个年龄层都有超过60%的人回答了"为获得成功的机会,除了继续现在的本行工作以外,也会同时从事其他行业的工作"。

综上所述,我们认为,以兴趣爱好或特长为起点,追求不同以往的全新且多样的可能性,正是"轻创业"行为的根本欲求所在。

# 以兴趣或特长为起点
# 不断追寻
# 更多样的自我潜能

**Q** 为获得成功的机会，除了继续现在的本行工作以外，会再同时从事其他行业的工作。

■ 继续现在的本行工作以外，再同时从事其他行业的工作
■ 专注于现在从事的行业、本行工作
■ 去从事其他行业的工作

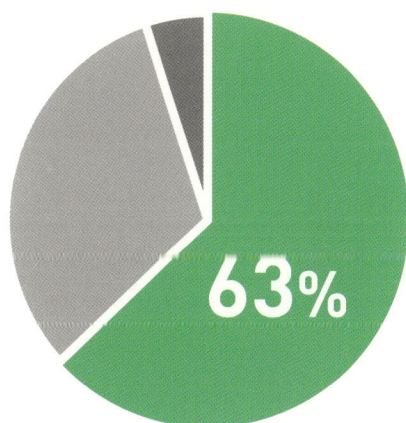

**63%**

出处："中国副业意识调查"

获得新的视点并
不断成长的
"轻创业者"的行为

# 获得新的启发而
# 实现成长的"轻创业者"

考察了诸多"轻创业者"案例之后我们发现，他们当中有不少人是在活动的过程中得到新启发之后，才得以拓宽发展领域乃至转换发展方向的。

譬如说由曲奇烘焙爱好者转做有机蔬菜销售的家庭主妇，由日本动漫周边代购过渡到秋叶原导游的留学生，等等。

下面我们就将一一举例来说明他们是如何在各自的"轻创业"活动中得到新启发从而完美"蜕变"的。

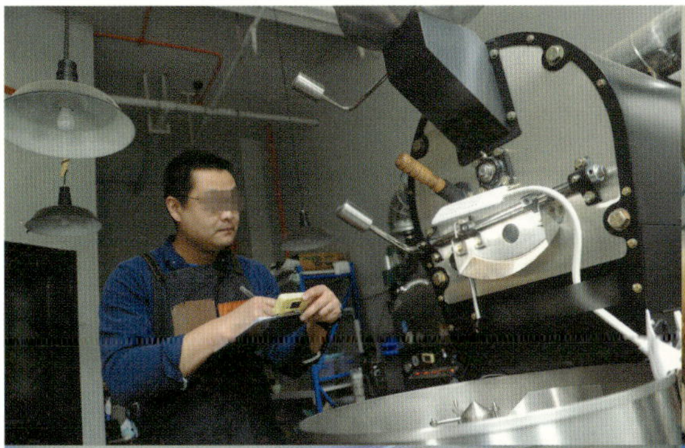
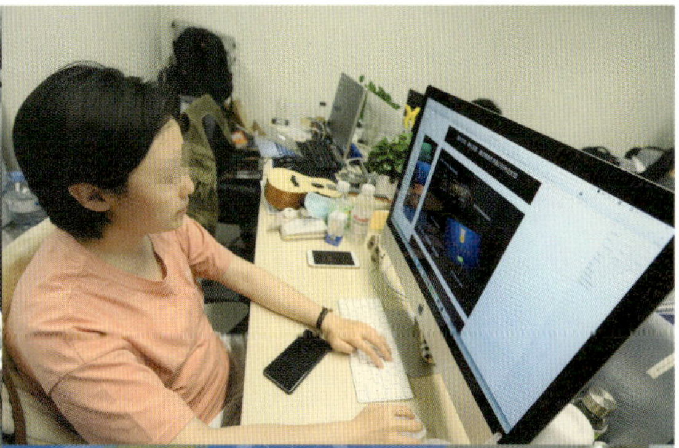
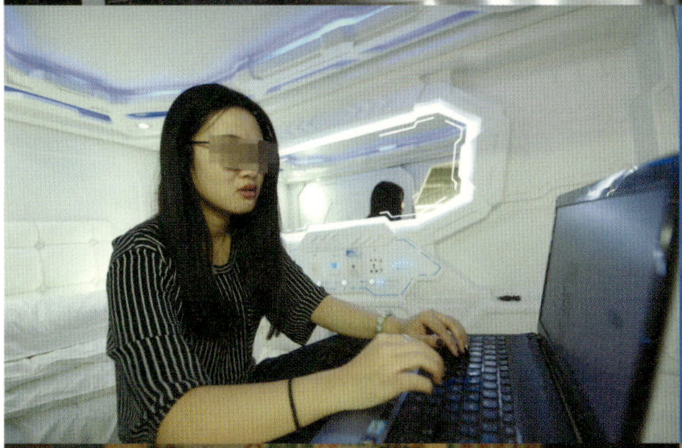
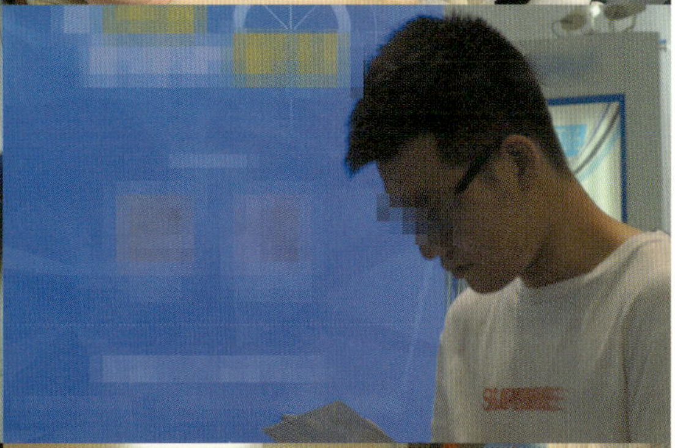
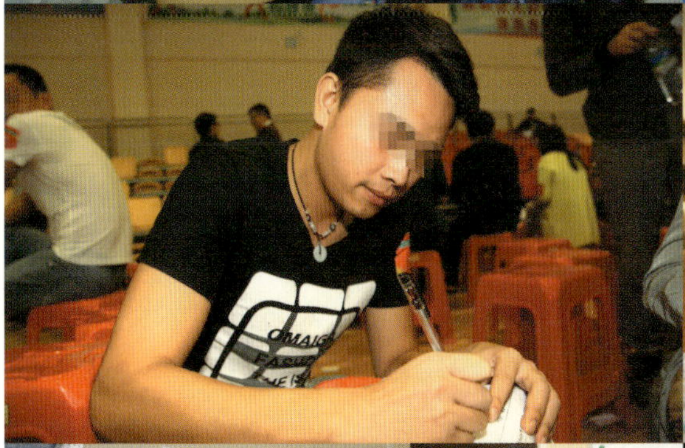
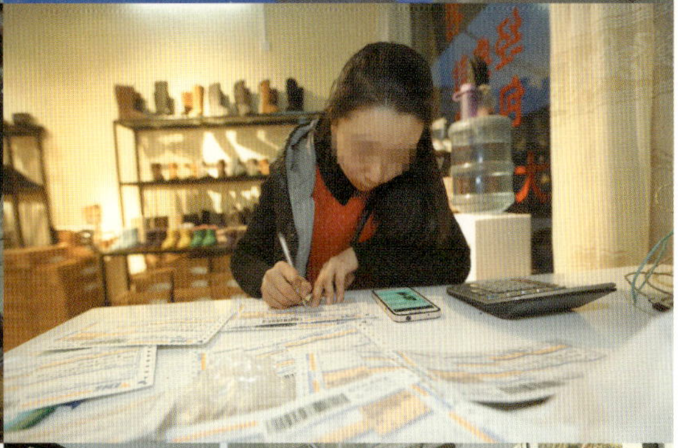
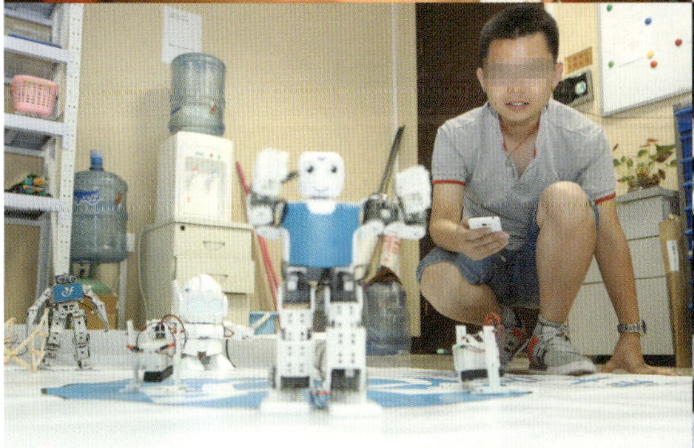
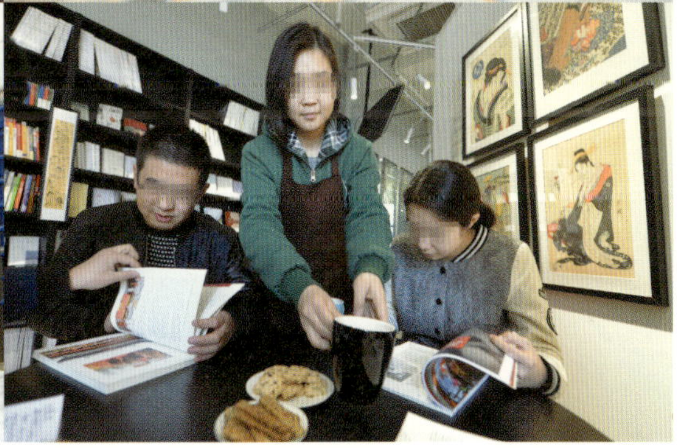

# 成长的契机：
# 察觉"育儿妈妈"的需求

## 40多岁女性 公关公司

＜起初＞

　　这位女士，原本就对烹制饼干等怀有浓厚的兴趣。为了保障自己孩子的饮食健康，她开始自己制作无添加剂的饼干。有一次，她将多做了的饼干分给朋友品尝后，得到了朋友们的一致好评。以此为契机，她开始通过朋友圈以微商的形式贩卖自己手工制作的饼干。

＜成长＞

　　无添加剂的手工饼干受到了很多人的欢迎。有一次，在和客人妈妈聊天时，她发现妈妈们都非常注重孩子的饮食安全。从那些妈妈口中得知，她们的困扰在于"虽然很想使用安全性高的食材，但有时根本不知道哪里可以买到"。察觉到妈妈们的这一需求之后，她将自己采购的"有机蔬菜"也添加到了自己微商店铺的商品清单中。

　　这位女士从贩卖自己兴趣爱好的"手工饼干糕点师"，成长为"孩子们的安全饮食提供方"。

# 贩卖饼干

▼

# 贩卖有机蔬菜

提供过程中察觉到的需求

# 【孩子们的安全饮食】

# 成长的契机：
# 察觉"追求优质
# 生活环境人群"的需求

## 40多岁女性 全职太太

＜起初＞

这位女士是一位全职太太，近几年一直过着每天和朋友喝下午茶、闲谈聊天的闲暇生活。但时间久了，就开始觉得缺乏一种充实感。因为朋友圈里有很多人都做着微商，所以自己也想开始找些什么生意做做。碰巧，在出国旅游时，她看到了一种款式新奇的便携式空气净化器，又想到近期国内热门的空气污染问题，于是下决心开始了自己的微商之路。

＜成长＞

在商品卖得火热的同时，她察觉到客户购买该商品的理由不仅仅是因为该机器能解决空气污染问题，设计时尚也是畅销原因之一。于是她想到："与自己收入水平及生活水平相近的人，所追求的不仅仅是改善环境的商品功能，对外形设计也有着相当高的要求"。她决定将此视为商机，推出一款设计时尚的净水器作为主打商品。

可以说，她从"空气净化器卖家"，成长为"优质生活环境提供方"。

**起初** 贩卖便携式空气净化器

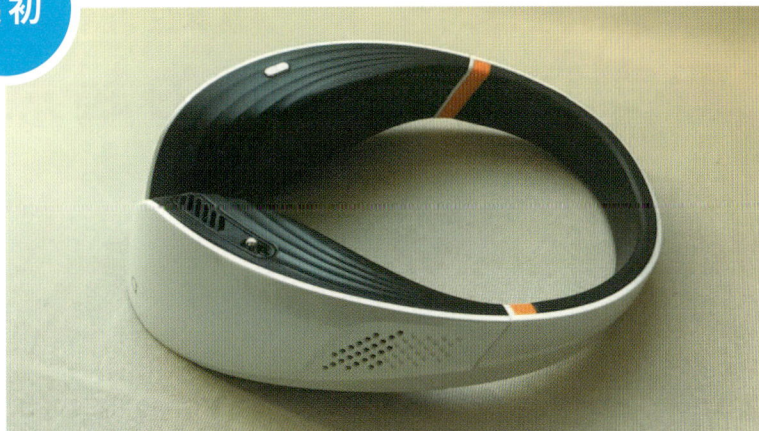

▼

**成长** 贩卖设计时尚的净水器

提供过程中察觉到的需求

# 【优质的环境改善商品】

# 以"贩卖手工饼干"为起点……
# 以"贩卖空气净化器"为起点……

察觉到"育儿妈妈"的需求,开始提供有机蔬菜的公关公司的女士以及察觉到"追求优质生活环境的人士"的需求,从而开始贩卖功能与时尚设计都十分优秀的水质净化器的全职太太。她们都是在"轻创业"的过程中成长起来的。

从当初仅仅是贩卖手工饼干和空气净化器的定位,她们分别成长为类似"保护孩子的健康饮食"和"创造优质的生活环境"等新生活方式的传播者。或许,他们也可以被称为"舒适生活倡导者"(Social Supporter)。

察觉新的需求，提供新的价值

孩子们的
安全饮食

优质的环境
改善商品

他们也可以被称为

【舒适生活倡导者】
Social Supporter

# 成长的契机：
# 察觉"想要扩展人脉的人"的需求

## 50多岁男性 外贸公司

<起初>

  这位男士本来是一名普通的公司职员,因为喜欢掌勺做菜,所以经常邀请朋友来家里聚餐。在聚餐聊天中,受到朋友的启发,开始提供私厨餐厅服务。随着体验这一私厨餐厅的访客渐渐增多,其相关信息也通过社交网络得到了广泛的传播,喜欢他烹饪的菜肴的粉丝人数也具有了一定的规模。

<成长>

  光顾私厨餐厅的人无一例外都是对其烹饪的菜肴怀有一定兴趣的人。在自己家中,6个人围绕着"吃"这一共同话题展开交流,自然而然地就会成为拥有相同兴趣爱好的朋友。换个角度来看这一私厨餐厅的话,我们可以发现,比起为了享用美食而来,客人们更像是期待以美食为契机,结识到更多不同职业不同年龄的志同道合的人。

  就这样,他从"私厨餐厅厨师",成长为"让客人通过美食互相结识的主持人"。

**起初** 提供私厨料理

▼

**成长** 提供结识朋友的场所

提供过程中察觉到的需求

# 【与职业或年龄各不相同的人相识的场所】

# 成长的契机：
# 察觉"追求线下生活的御宅族"的需求

## 20多岁男性 公务员

〈起初〉

　　这位男士的职业是公务员,因为本身喜爱动漫,开始以半玩的性质通过业余时间在网络上开店贩卖动漫周边商品。

〈成长〉

　　因为他的客人都是喜欢动漫的人,所以经常会因为各自喜欢的作品而聊得非常开心。有一次,有位客人在聊天中谈到因为兴趣比较"宅",所以在生活中不太有结识异性的机会。正好他自己也因为兴趣爱好的原因而不太喜欢出门,所以非常同意这一观点。以此为契机,他开始为同样喜欢动漫的男女提供起交友服务。在动漫周边产品的贩卖网站上不定期举办的这一交友服务受到了宅男宅女的广泛好评。

　　就是这样,他从"动漫周边卖家"成长为"为拥有相同兴趣的人提供相识机会的红娘"。

起初 | 贩卖动漫周边商品

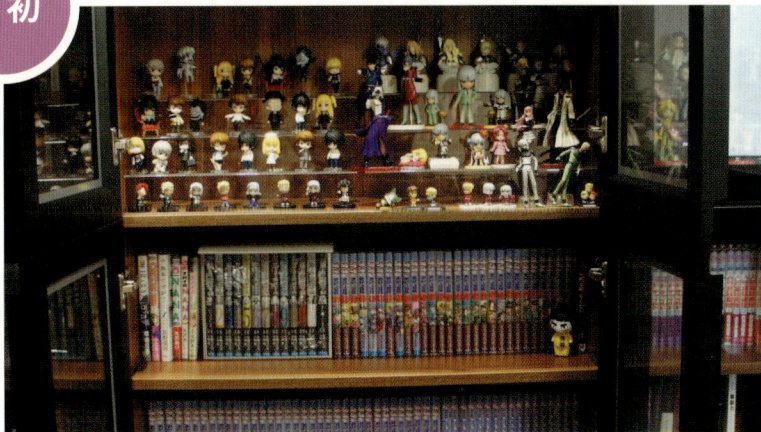

▼

成长 | 提供交友服务

提供过程中察觉到的需求

## 【与拥有相同兴趣的人相识的场所】

# 以"提供私厨料理"为起点……
# 以"贩卖动漫周边"为起点……

　　50多岁的公司职员,通过邀请客人来自己家进餐和交谈,从而察觉到了聚餐者心中所隐藏的需求。通过"吃"这一共同话题,食客们能结识平素圈子中结识不到的人,并从交谈中获取新的信息。贩卖动漫周边商品的20多岁男士则是因为自己喜欢动漫,所以才能察觉到同样喜欢动漫的同伴们的需求。他们既是服务的提供方,也是服务的使用方。这也正是他们对生活者的潜在需求非常敏感的理由。

　　通过察觉到生活者不同的潜在需求,他们从"美食、动漫周边商品的提供方",成长为"相识场所的提供方",从这个意义上来说,他们也可以被称为"社交群主"(Network Organizer)。

察觉新的需求，提供新的价值

| 与职业或年龄<br>各不相同的人<br>相识的场所 | 与拥有相同<br>兴趣的人<br>相识的场所 |
|---|---|

他们也可以被称为

【社交群主】
Network Organizer

# 成长的契机：
# 察觉"业余动漫作家"的需求

## 20多岁女性 国营企业

〈当初〉

　　这位女士非常喜欢COSPLAY。起初自己动手做COSPLAY服装是为了节约费用。随着经验的积累，所做的衣服受到COSPLAY伙伴们的认可，渐渐开始有人向她定制COSPLAY服装。而她则为了得到他人客观的评价，开始通过不需要启动资金的微商提供COSPLAY服装的定制服务，结果受到了客人的广泛好评。

〈成长〉

　　在某个COSPLAY活动中，碰巧认识了一位业余动漫作家。之后，由于经常被这位漫画家询问关于动漫角色服装设计方面的问题，察觉到了市场上潜藏着这一方面的需求。因为自己原本就喜欢设计原创服装，开始尝试通过某知识分享软件提供动漫角色服装的设计咨询服务，慢慢地开始有很多原本对COSPLAY兴趣不大的动漫粉丝前来咨询相关信息。

　　她从"COSPLAY定制服装的制作者"，成长为"动漫角色服装设计咨询师"。

## COSPLAY服装定制

起初

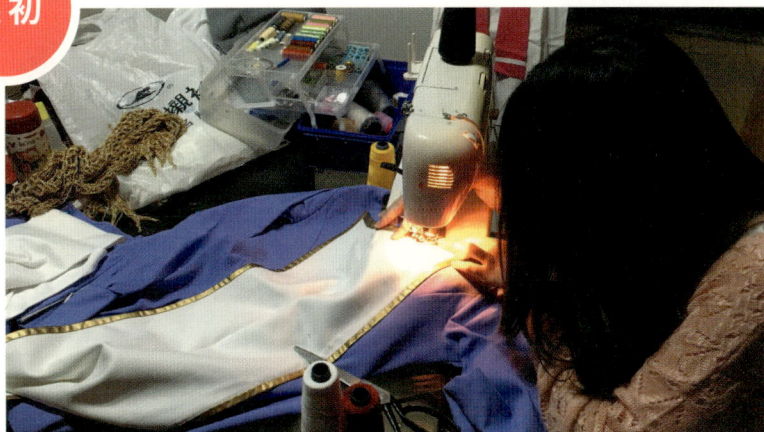

▼

## 动漫角色服装设计咨询

成长

提供过程中察觉到的需求

# 【动漫角色服装设计咨询】

# 成长的契机：
# 察觉"动漫宅游客"的需求

## 20多岁男性 留学生

**＜起初＞**

　　这位男士因为从小就喜欢动漫文化,在大学毕业之后决定去日本留学。每到周末,就会习惯性地去秋叶原逛逛。为此,经常受国内朋友的委托购买动漫游戏的相关商品。后来他开始通过网络做起了代购,借以赚取生活费。

**＜成长＞**

　　平时为客人们做代购积累了他们的信赖,同时也加深了对他们喜好的理解。经常也会有客人来日本旅游时,委托他做观光秋叶原时的导游。以此为契机,他开始在网络上提供秋叶原导游服务,并且收到了很多的订单。

　　他从"动漫相关商品的代购",成长为"秋叶原资深导游"。

# 动漫商品代购

起初

▼

# 秋叶原领路人

成长

提供过程中察觉到的需求

# 【秋叶原深度游导游】

# 以"COSPLAY服装定制"为起点……
# 以"动漫相关商品代购"为起点……

在那位20多岁的国企职员从"制作COSPLAY服装的卖家"成长为"动漫角色服装设计咨询师"的过程中,客户群也从COSPLAY的粉丝扩大到了所有对动漫有兴趣的人。可以说,她用自己的方法将她独有的COSPLAY世界观公诸于世了。

就那位从"动漫相关商品的代购"成长为"秋叶原深度导游"的20多岁留学生来说,虽然他的初衷并非是宣扬"御宅族"文化,但事实上他几乎扮演了宣传宅文化领路人的角色。

以上两位都是将各自喜欢的亚文化广泛地传播给社会上更多的人的好例子。也许他们都可以被称为"亚文化传播大使"(Subculture Ambassador)吧。

察觉新的需求，提供新的价值

动漫角色
服装设计咨询

秋叶原
深度游导游

他们也可以被称为

【亚文化传播大使】
Subculture Ambassador

# 成长的契机：
# 察觉“宠物爱好者”的需求

## 20多岁女性 网络购物公司

<起初>

这位女士虽然非常喜欢狗，但因为住的是合租房，所以无法养自己的宠物。当她在网络上看到通过某APP应用软件可以为别人提供有偿的“遛狗散步”服务时，就马上去填写信息成为这一服务的提供者。

<成长>

通过提供遛狗散步服务，她结交到了很多同样喜欢狗的朋友。在交流中她得知了很多宠物主人的烦恼，例如提供宠物美容的专业人士或店铺资源稀缺，宠物的医疗费用高得异常等等。除此之外，由于宠物美容院和宠物医院一般都分别设立，在同一家店解决两个需求有点困难的缘故，很多宠物主人都深感不便。为此，她开始考虑提供解决宠物烦恼的一站式服务。

看下来，最初只是自己想接触宠物狗才成为“遛狗散步服务提供方”的她，正是因为察觉到了人们的新需求，才得以有机会成为“宠物一站式服务提供方”。

## 遛狗散步服务

**起初**

▼

## 宠物一站式服务

**成长**

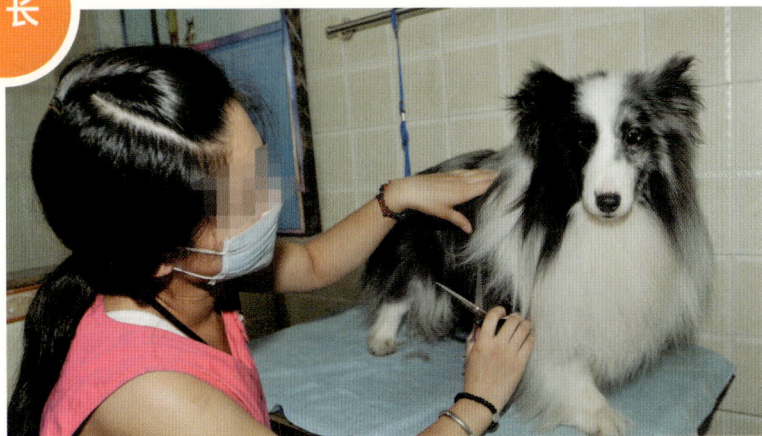

提供过程中察觉到的需求

# 【宠物一站式服务】

# 成长的契机：
# 察觉"自驾游旅行者"的需求

## 30多岁女性 策划公司

＜起初＞

　　这位女士非常喜欢近郊自驾游，每年都要去好几次。但是，每次都会发生事先查找的信息和实际情况不符的情况，好处是总能收获很多新发现。为此，每次旅程结束之后，她都会将自己的行程通过社交网络发布，结果总能得到了很多人的好评。以此为契机，她开始了通过知识分享APP应用软件提供起自驾游路线的规划服务。

＜成长＞

　　利用自己服务的客人中，有些人不只是想要得到路线信息，也希望得到住宿及餐厅的相关信息。实际上，就连很多大型旅行社都没有提供自驾游路线的详细介绍以及相关的餐厅、购物信息。在察觉到这一点之后，她开始尝试提供不同路线的具体信息及酒店餐厅的代理预约服务。

　　正是这样，她从"自驾游信息提供方"，成长为旅行社也无法做到的"自驾游全方位服务提供方"。

## 自驾游信息提供服务

**起初**

▼

## 自驾游全方位服务

**成长**

提供过程中察觉到的需求

# 【自驾游全方位服务】

# 以"遛狗散步服务"为起点……
# 以"自驾游信息提供服务"为起点……

无论是为满足自己对宠物狗的兴趣而诞生的"遛狗散步服务",还是以自己的兴趣爱好为起点的"自驾游信息提供服务"。虽然他们最初的目的都是为了自己的方便,但其对社会的贡献也是不可否定的。"轻创业者"所创造的商品或服务,起先可能只是以自己为中心,但在之后的活动中总是能在不知不觉中帮助到其他人。这一点,正是"轻创业"的重要特征之一。

像"宠物一站式服务"、"自驾游全方位服务"这类服务可以称得上是至今为止没有过的全新服务。创造这类新服务的他们,此刻则成为了肩负创造全新服务职责的"服务优化拓展者"(Service Integrator)。

察觉新的需求，提供新的价值

宠物一站式
服务

自驾游
全方位服务

他们也可以被称为

【服务优化拓展者】
Service Integrator

# "轻创业者"
# 所肩负的全新"职责"

# 全新的"头衔"

　　前面几个例子都说明，诸多"轻创业者"在开展各自活动的过程中察觉到人们的新需求，不知不觉中开始发挥起了解决新需求的"职责"。就像企业里通常会赋予承担职责的人相应的头衔或职称一样，"舒适生活倡导者"、"亚文化传播大使"等称呼也可以视作是承担了相应社会职责的"轻创业者"所收获的来自社会的"头衔"。

　　除上述例子中涉及的四种头衔之外，我们还可以从"轻创业者"的活动内容中发现并归纳出其他更多类似的头衔。比如说开发全新服务的"便利创意人"、专攻赠礼咨询的"礼物顾问"，等等。

舒适生活倡导者
Social Supporter

社交群主
Network Organizer

亚文化传播大使
Subculture Ambassador

服务优化拓展者
Service Integrator

# 生活者所拥有的
# "社会头衔"

我们的调查结果显示:北上广三地有九成以上的人表示"在各个不同的领域中,通过参与产品或服务的提供,从而为社会带来了影响和改善的人比以前增多了"。相信今后,"获得社会头衔的轻创业者"也会日渐增多。

可以预想的是,"获得社会头衔的轻创业者"的增多,将在各个领域形成一股强大的能量,为人们的生活带来巨大的变化。譬如说,只要点击APP应用软件,就可以买到心心念念的海外商品,可以咨询法律方面专业人士的意见,可以在深夜购买医药用品并送货上门……改善人们生活的将不单单只是企业,生活者自身也将投入到改善人们生活的各种活动中去。

我们有理由相信,随着"获得社会头衔的轻创业者"的增加,他们所带来的能量也会将更美好的生活都逐一呈现。

**Q** 在各个不同的领域中,通过参与
产品或服务的提供,从而为社会带来
影响和改善的人是否比以前增多了?

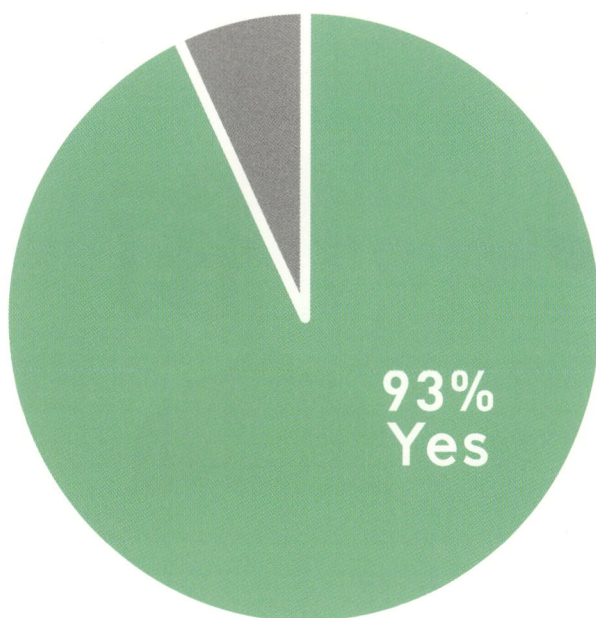

93%
Yes

出处:"中国副业意识调查"

通过"轻创业"活动

拥有全新"社会头衔"的生活者不断增加

在拓展自我可能性的过程中形成一股

有助于改善人们生活方方面面的巨大"能量"

# "社会头衔"
# 所带来的能量

全民提供方时代的到来,意味着众多生活者通过"轻创业"开始拥有了承担社会职责的"头衔"。这些生活者正在日渐增多,并在社会上逐步形成一股强大的能量,它将为改善生活中各个领域现存的不足之处带来希望。我们将这股能量命名为"衔能"。

汉语中的"衔"可取意"头衔","领衔"有带头的意思,作动词则有"衔接"的意思。我们的解释是,"轻创业者"的行为正是在获取"社会头衔"的同时,"领衔"去"衔接"自己与社会的一个过程。而"能"一方面意味着"能量",另一方面也蕴含了"轻创业者"希望拓展自我可能性的意思。

# 衔能

# 获得"社会头衔"的
# "轻创业者"造就了"衔能"

上一章我们讲到,在"使得谁都可以成为提供方的基础设施的增加"、"消费需求的旺盛不衰"以及"圈子的存在"等因素的共同作用下,"轻创业者"开始崭露头角。

在开展活动的过程中,"轻创业者"不断成长,逐渐承担起了一部分社会职责。在最初的阶段,"轻创业者"只是提供商品或者服务,影响力是很有限的。当他们有了"社会头衔"之后,就有了相应的方向性,亦即拥有了社会性。接着每个个体的力量从各个领域汇聚到一起,在社会上形成一股巨大的能量。我们将这一社会能量命名为"衔能"。我们认为,"衔能"将作用于经济、文化、娱乐等生活的方方面面,推动我们的生活不断向前发展。

 "轻创业者"

 "获得社会头衔的轻创业者"

# 衔 能

# "衔能"对于生活者消费行为的影响及市场营销的观点

## 市场营销观点①
## 兼具双重视线的生活者始登场

# ➡ "自⁺"消费需求显现化

　　我们不难想象,身负"衔能"的生活者最初开始提供商品或服务只是想得到自己想要的东西或者改善自己的生活,换言之,是完全基于"自我视线"之上的。然而,在提供商品或服务的过程中,他们自觉或不自觉地察觉到买方亦即"他人"的需求。伴随着提供活动的深入开展,他们逐渐积累了诸多以周边人士为主的"他人的愿望",在某种程度上甚至反映了整个社会对于改善生活的共同渴望。如此一来,久而久之,建立在"自我视线"基础上的"社会视线"也开始成形了。

　　"自我视线"和"社会视线",理论上每个坐拥这两种视线的生活者都有望引发出包括自我、周边人士在内的社会需求,而兼具双重视线的生活者又无疑有日益增多的趋势,结果不言而喻:"自⁺"消费需求的规模会越来越庞大,作为一种社会现象来说也会越来越明显。

　　我们认为,"自⁺"消费需求的一个比较典型的方向就是,既要是"自己想要的",同时也要是"他人有用的"。

# 双重视线

**自我视线**

· 自己想要的
· 有助于提升自我生活舒适度的

**＋**

**社会视线**

· 自己和周边人都想要的
· 有助于提升自我生活和整个社会舒适度的

## 市场营销观点②
### 生活者与企业的关系变化

# ➡ 生活者与企业携手"重组"

　　"衔能"使得众多"轻创业者"逐步渗透到了商品开发、物流和销售等各市场环节。我们都知道,个体的影响是有限的,多数的力量则是可观的。我们有理由相信,集多数人之力而形成的"衔能"足以冲击现有的市场营销体系。

　　以往,企业习惯于依靠听取生活者的心声来开展市场营销活动。在社交网络不断渗透的今天,生活者已经成为了善于自发交流现有产品相关信息的传播主体,而企业也能从生活者身上获得比以往更多更丰富的信息。

　　可以预见的是,"轻创业者"的出现将会加速这一进程。"轻创业者"将发挥类似生活者"参谋"或者"鉴定师"的作用,他们将会对企业提出各种着眼于新商品或者新商业模式的新观点。

　　更有可能,他们将不止于提供观点,还会直接参与商品开发、物流、销售等各市场营销环节。

# 生活者与企业之间的关系

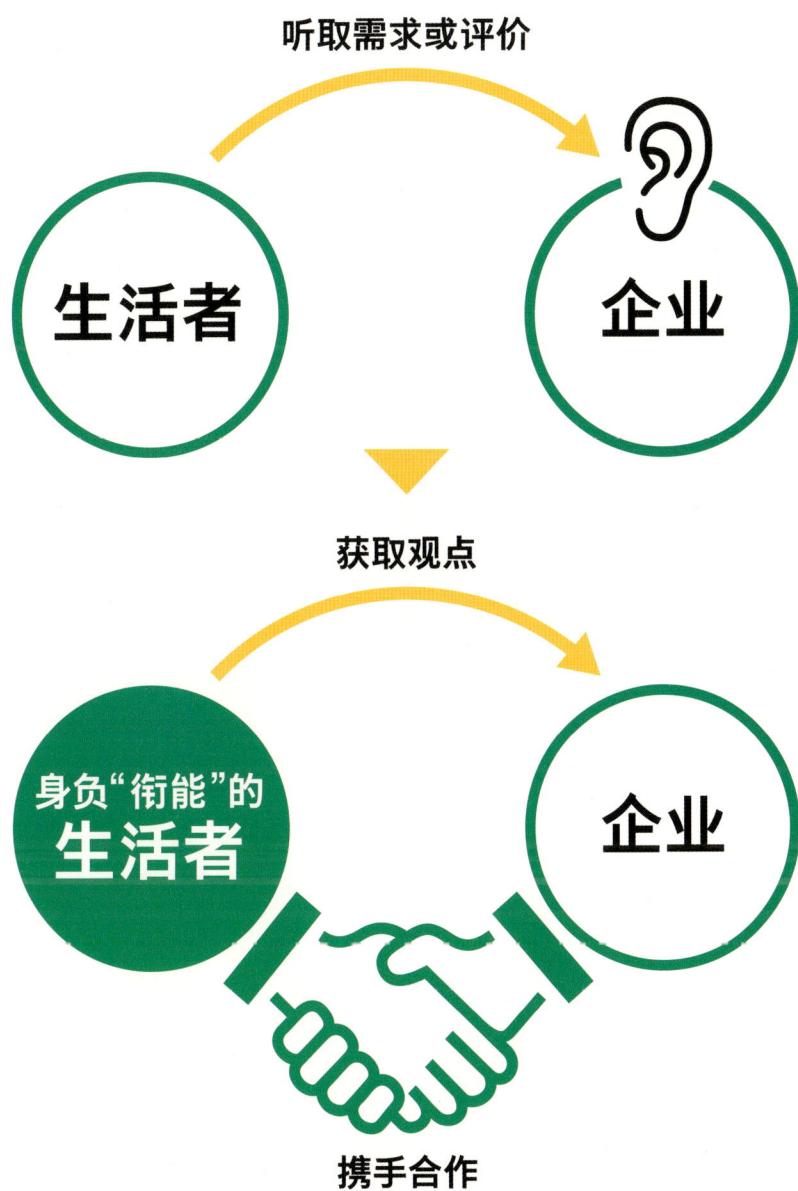

听取需求或评价

生活者 → 企业

获取观点

身负"衔能"的
生活者

企业

携手合作

市场营销观点③
生活者促成消费社会的网络化

# ➡ 新的"消费脉络"的诞生

在"衔能"的作用下,分别作为"卖方"和"买方"的生活者被联结到了一起。在此基础上,原本"各自为政"的卖家们逐渐从四面八方汇聚到了同一"社会职责"的旗帜下。同时,由于很多"卖方"的活动据点就是"圈子","圈子"在理论上还同时连接着其他"卖方"和"买方"。

总体而言,无论是各"卖方"之间,还是"卖方"和"买方"之间,如今都被连接到了一起。众多的生活者构成了一张张消费社会的"网",每一张"网"都足以生产出无数个消费的漩涡。譬如说,"孩子们的饮食安全"这一需求的显现化,使得与之相关的各类商品或服务都发生了变化,像有机蔬菜、无添加食材、特定产地的食材等商品都被重新归类,一种新的关联就此产生。可以预见的是,这种"新的关联",也就是我们在此所定义的"消费脉络",将随着消费对象的不断重新归类而逐日增多。

# 生活者促成消费社会的
# 网络化和"消费脉络"的诞生

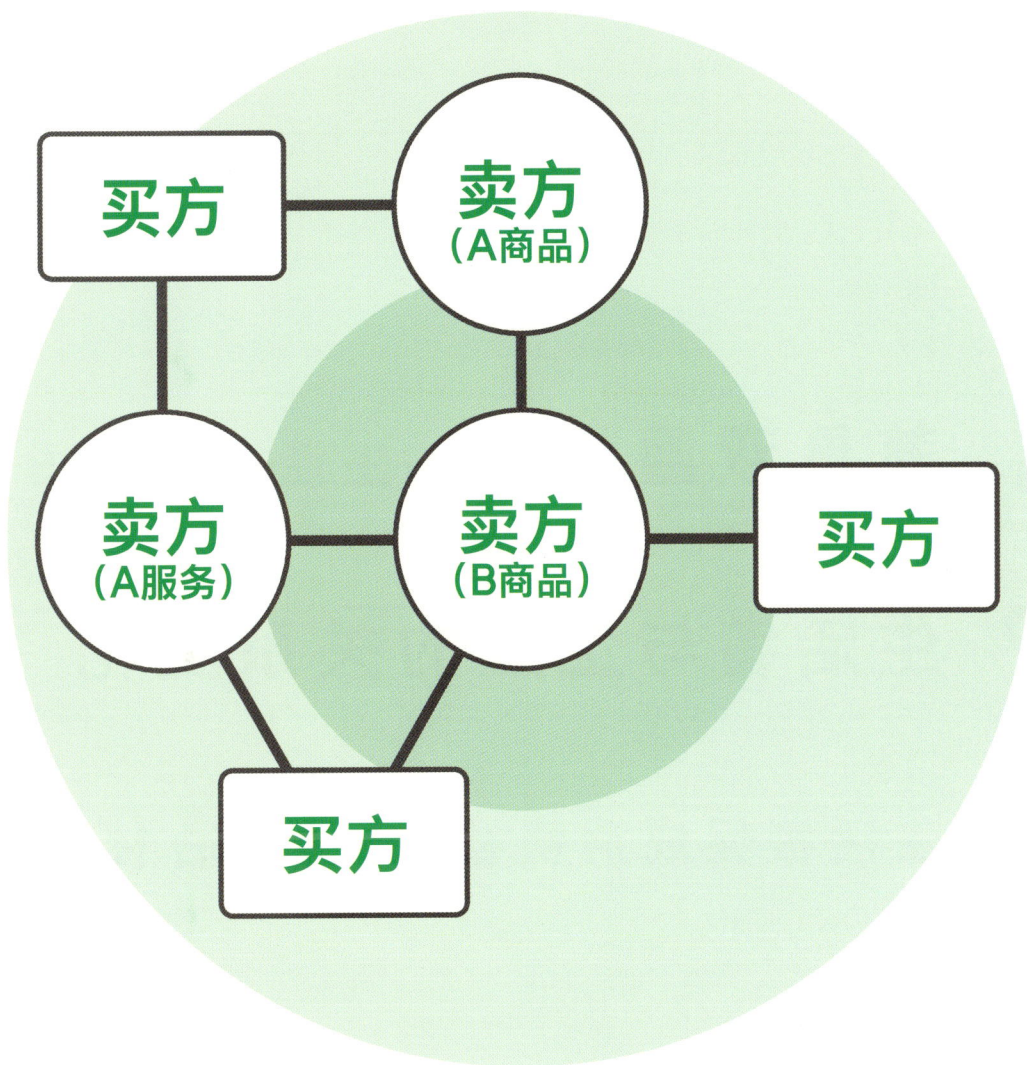

买方 ── 卖方（A商品）

卖方（A服务） ── 卖方（B商品） ── 买方

买方

# 对消费行为的影响 —

**1** **兼具双重视线**的生活者始登场

**2** **生活者与企业的关系变化**

**3** 生活者促成消费社会的**网络化**

# → 市场营销的观点

**1** "自﹢"消费需求显现化

**2** 生活者与企业携手"重组"

**3** 新"消费脉络"诞生

# "轻创业者"采访调查①

此次,我们针对"轻创业者"进行了采访调研,这里介绍一部分调查结果。

**本职:**
IT

**副业:**
德州扑克教学

做副业不仅为了赚钱还为社交。
能结识更多的人,说不定会给我将来带来商机。

30.
Male, SH

**本职:**
画家

**副业:**
人物画像

做副业比较自由,也没什么压力。还可以提升我的画画技巧。

26.
Male, BJ

**本职:**
大学生

**副业:**
礼物选择建议

自己比较内向,做这个是想要增加和别人交流的机会。

20.
Male, SZ

**本职:**
退休生活

**副业:**
广场舞教学

退休在家,为了打发时间开始教人跳广场舞。受到大家的认可自己也很开心。

57.
Female, SH

**本职:**
咨询公司老板

**副业:**
创业咨询

那些刚毕业的年轻人非常认真地听取我给的建议,让我有种说不出的满足感。

30.
Male, SH

**本职:**
餐饮店老板

**副业:**
餐饮店经营咨询

我特地设定了一个1小时500元的咨询费,其实就想确认一下自己真实的价值。

40.
Male, BJ

**本职:**
自由职业者

**副业:**
DIY 玩具贩卖

自己卖自己设计的玩具,又开心又自由。
不想被工作束缚。

23.
Male, SH

**本职:**
画家

**副业:**
绘画教室

已经60多岁了,做这个和钱的关系真的不大,其实就是想发掘一些真正有画画才能的孩子。

61.
Female, SH

**本职：**
金融公司

**副业：**
游戏直播

24.
Male, SH

一个人打游戏，打得再好也没人会在意，想被那些同样喜欢打游戏的人认可。

**本职：**
大学教授

**副业：**
大学升学咨询

45.
Male, SH

我也想了解一下自己学校以外的学生们的需求，有收入的话相信也能长时间坚持下去。

**本职：**
音乐专业
大学生

**副业：**
声乐发声教学

22.
Female, SH

毕业以后想做声乐老师，想通过副业顺便积累一下自己的授课经验。

**本职：**
外科医生

**副业：**
癌症问诊

33.
Male, BJ

想通过接待更多的病人，来积累各种不同的病例的经验。

**本职：**
个人经营者

**副业：**
摄影指导

24.
Female, GZ

摄影是我自己的兴趣爱好，想通过副业让大家也能变得更喜欢摄影。

**本职：**
公司老板

**副业：**
就职咨询

45.
Male, BJ

想提高自己的知名度，同时也想要扩大人脉。

**本职：**
旅游专业

**副业：**
旅游攻略制定

22.
Female, GZ

可以提高自己的专业知识，又可以赚钱，一举两得。

**本职：**
公司职员

**副业：**
中医问诊

43.
Male, SH

从父亲那里学到了中医知识，如果可以活用到实践中去的话，我觉得很开心。

# "轻创业者"采访调查②

**本职：**
销售

**副业：**
直播

30.
Male, SH

最开始也是看大家都在做就尝试做做看，看到关注我的直播的人越来越多会很开心。

**本职：**
公司职员

**副业：**
韩国化妆品代购

26.
Female, SZ

因为有朋友在韩国，就利用这个资源做代购，其实也想让更多朋友用上品质更好的化妆品。

**本职：**
广告公司

**副业：**
贩卖自制台历

32.
Female, SZ

把自己旅游时拍的照片制作成台历出售，卖给朋友并不是为了钱，而是想要和他们分享旅游时的心情。

**本职：**
公司职员

**副业：**
中国传统首饰贩卖

40.
Male, SH

自己很喜欢中国传统首饰，卖这些饰品的同时还可以认识更多拥有相同喜好的朋友。

**本职：**
投资银行

**副业：**
贩卖自制精酿啤酒

36.
Male, SH

自己喜欢喝精酿啤酒，但是中国做这块的人很少，也想为同样喜欢喝精酿啤酒的人做点贡献。

**本职：**
公司职员

**副业：**
奢侈品代购

23.
Female, BJ

不只为了赚钱，也想把自己喜欢的品牌推荐给大家。

**本职：**
大学生

**副业：**
早晨叫醒服务

20.
Female, SH

想要克服自己内向的性格。增加与他人沟通交流的机会。

**本职：**
公司职员

**副业：**
陪同买车

42.
Male, SH

想要发挥自己的专业知识。看到他们购买我推荐的车时会感觉很开心。

**本职：**
**财务**

**副业：**
**瑜伽老师**

24.
Male, SH

本来自己每天就要锻炼，通过教学还可以有点收入，何乐而不为。

**本职：**
**中学老师**

**副业：**
**教学直播**

45.
Male, NJ

希望让更多学生没有负担的来学习，而且直播上课可以即时听到学生的意见，也可以改善我的授课方式。

**本职：**
**设计师**

**副业：**
**经营绘画教室**

22.
Female, SH

自己喜欢画画，通过开画室可以结识很多新朋友。

**本职：**
**公司职员**

**副业：**
**自家私房菜**

25.
Female, GZ

对自己的手艺有自信，也想从别人那里得到认可。

**本职：**
**外资企业**

**副业：**
**民宿租赁**

24.
Female, GZ

想要通过民宿服务提升英语能力，还可以增加和外国人交流的机会。

**本职：**
**公司职员**

**副业：**
**舞台剧**
**周边产品代购**

28.
Female, SH

经常去日本看舞台剧演出。通过卖舞台剧周边产品，可以赚点收入补贴去日本看舞台剧的花费。

**本职：**
**公司职员**

**副业：**
**恋爱咨询**

22.
Female, GZ

听别人的烦恼，给到他们一些我的建议，在过程中，感觉自己也在一起成长。

**本职：**
**退休**

**副业：**
**贩卖自制首饰**

58.
Female, SH

虽然我现在 50 多岁了，但是也想跟上现在年轻人的潮流。

# 4

对市场营销的启示

前面我们已经从"衔能"所带来的影响中提炼出了三个市场营销的观点,以下我们就以此为切入点,结合案例说明来阐述一下今后的市场营销方向及具体对策。

首先,我们会对"自+"消费需求显现化这一观点展开具体分析。"自+"消费需求的显现化大致可分两类:一类是关注自己的同时也把目光投向社会的"微社会性消费"的显现化,另一类则是只看重本质价值而忽略附加价值的"凑合消费"的显现化。

其次,针对生活者与企业携手"重组"这一观点,我们分别就"物流阶段"、"开发阶段"及"生产阶段"作了分析。

再次,围绕新消费"脉络"诞生这一观点,我们将重点理顺①立足于生活者观点的"主题消费脉络"②关注"易被忽略事物"的"小众培育消费脉络"这两条脉络。

下面请看详细说明。

# 市场营销的切入点

**1** "自+" 消费需求
显现化的对策

**2** 生活者与企业
"重组" 的对策

**3** 新消费 "脉络"
诞生的对策

### 1."自＋"消费需求显现化的对策

# ①对应"微社会性消费"

　　针对相对小众但有益于社会或有助于改善生活的需求,提供小批量生产。

<例>

# 应 需 批 量 生 产

近年来,社会上对于公益事业的关注度似乎有所上升。我们注意到,像"短途出行利器"电动自行车一类带有环保意味的商品,或是多少与社会公益挂钩的商品和服务已经开始逐渐受欢迎起来了,尽管眼下的需求量还远远称不上规模。

要应对这一新趋势,我们可以考虑提供小批量的生产服务。事实上,最近市面上利用众筹开展小批量生产的运作模式已经有了升温的迹象。我们认为,如果企业能在较早的阶段里就对"微社会性消费"有所回应的话,就能更快更好地推进"圈粉"活动。

1."自+"消费需求显现化的对策

# ②对应"凑合消费"

省略本质价值以外的溢价要素,为生活者提供"低价格"等合理的选择。通过只提供必要部分来减少浪费,对应"社会视线"上的消费需求。

<例>

# 去溢价

　　上海有个总是排长队的牛排店,广受好评的秘诀在于它虽只提供简单的纸盒包装,更不提供堂食座位,却选用纯天然放养的好牛肉,加以一流正宗的煎烤工艺 。在这个案例中,顾客首要重视的因素其实是美味与卫生。像这样刻意注重本质价值,省略附加价值的商品和服务如今已经越来越受欢迎了。究其原因,大概是因为比起一味强调档次来说,懂得灵活调整附加要素和减少溢价的做法更得人心。

　　去溢价做法的另一个重要意义在于提升社会意识。举个例子,眼下质疑网购商品包装过剩的人就似乎越来越多了。

## 2.生活者与企业"重组"的对策

# ①联合"生活者分销商"

与承担市场营销流通环节重任的"衔能生活者"联手合作，借以补全企业未能触及的领域。

<例>

# "轻"加盟

　　您想要购买海外商品时，是否想听一下居住在当地的中国人的推荐呢？某跨境电商网站就有一个主打"海外华人推荐当地商品"的直播节目。在中国国内的农村地区，还有很多人不太了解网购究竟是怎么一回事。某购物网站就瞄准了这一点，在农村地区开设了实体店，为不熟悉网络的人提供代理下单、收发快递等业务，而其业务均由当地的个人合作方负责完成。

　　我们预测，像这样与实际承担市场流通环节重任的"衔能生活者"合作的机会今后只会越来越多。企业完全可以募集合作者，赋予他们类似企业大使的头衔，借助他们的力量来填补自身暂时无法填补的市场空缺，并借此来不断强化企业与生活者之间的关系。

## 2.生活者与企业"重组"的对策

# ②联合"生活者开发商"

在开发、生产、市场营销各环节与"衔能生活者"联手合作，汲取来自生活者的新观点，不断强化企业与生活者之间的关系。

<例>

# "创客"支援

近来,商场中配有各色首饰加工道具的DIY角似乎很受欢迎。另外,在城市里,大大小小的创客空间似乎也有遍地开花的架势。在全民提供方时代,生活者已经不再满足于贩卖既有的商品,而是开始了自己动手制作想要的商品。

沿用这一思路,企业可以考虑在自家展厅或体验设施内增设空间,用以支援生活者的手工作业。一方面可以扩充展厅或体验设施的功能,另一方面还可以借鉴汇聚于此的众多创意想法,充分借用生活者的力量来推进产品开发和生产工作。

### 3.新消费"脉络"诞生的对策

# ①通向"生活主题消费脉络"

从生活者视点出发,提供以某生活主题/生活方式为脉络的跨界商品或服务。

<例>

# 混合协作

　　从生活者视点出发重新审视既有商品或服务分类的话，我们就能发现很多原本属于不同类别的其实也能归为一类。譬如说，把肉类、蔬菜和调味料都一并排列出售的新型陈列法就源自"生活者日常用物"这一新分类视点。

　　学会进一步关注生活者的心理需求可以捕捉到更多新的"生活主题"或生活方式，从而扩大市场商机。在日本，有一个题为"支援女性的夏天跑步运动"的大型活动，其参会展商来自各行各业，有运动服饰品牌、化妆品公司、美容器械公司等等。这样丰富的"陪跑阵容"，对于日益增多的女性跑步者来说无疑是一个福音，客观上也强有力地刺激了日本跑步运动的日渐升温。我们说，在有关新价值观、新生活方式"消费脉络"的扩充问题上，"衔能"的潜力是十分巨大的。如果企业能够顺利搭乘此"消费脉络"的顺风车，就能有很大机会把握好无限的商机。

**3.** 新消费"脉络"诞生的对策

# ②通向"小众培育消费脉络"

着眼于不被流行左右的"匠心作品"或拥有热情粉丝的小众领域,将之培育成巨大的市场。

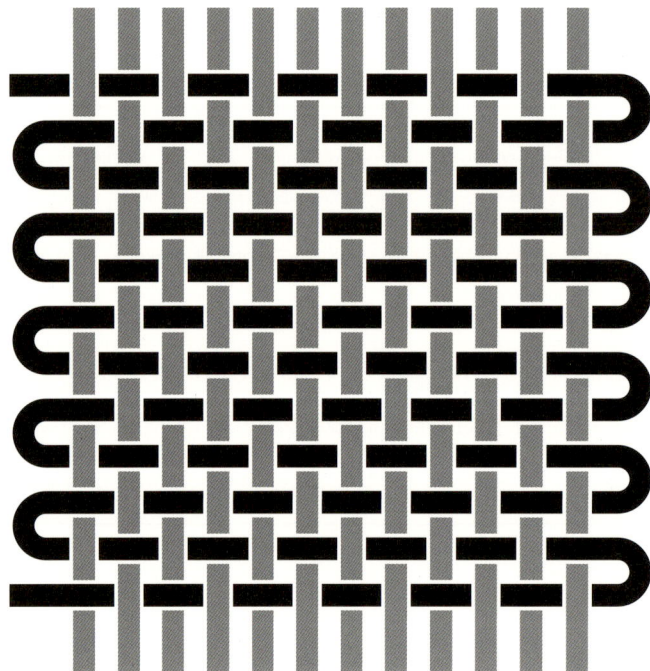

＜例＞
# 培育小众市场

　　今年，讲述故宫文物修复故事的纪录片引起了很大的轰动。与此同时，社会上发声赞美匠人精神的人似乎也有增多的趋势，更有创业人士明确断言"今后匠人精神会越发重要"。身怀"衔能"的生活者中，就有很多足以媲美"匠"水平技术的人，并且他们还有不少粉丝。这些人如果全部聚集在一起的话，就有可能开拓出一个新的巨大市场。举个例子，日本就有一项"小众服务"，由一群水平高超的裁缝通过网络接受订单，为客人制作高水准的服装。

　　时下，近似于亚文化的极小众的事物也开始有了其相应的拥趸者，这些小众人士自发开展的信息交换和周边商品的交易行为积累起来，逐渐构筑成为一个群体。对于企业来说，无论是创作活动还是市场营销，懂得如何活用这类群体并梳理出全新的消费"脉络"是非常重要的。

# 衔能

# 1 "自⁺"消费需求显现化的对策

① 对应 "微社会性消费"
② 对应 "凑合消费"

# 2 生活者与企业"重组"的对策

① 联合 "生活者分销商"
② 联合 "生活者开发商"

# 3 新消费"脉络"诞生的对策

① 通向 "生活主题消费脉络"
② 通向 "小众培育消费脉络"

# 【后记】

## 身负"衔能"的生活者将会推动消费社会进一步发展

  在本次的研究中,我们着眼于通过创业、副业活动成为产品和服务提供方的生活者的行为,试图探究和分析出其行为背后的深层欲求。首先,在观察有着形形色色创业行为的生活者的过程中,我们发现,那些原本看似与创业有一定距离的人,比如学生、家庭主妇、年长者们,他们也都一起紧跟着时代的潮流,成为创业的主体并积极开展着各自的创业活动。这一现象让我们感到非常新奇。在本书中,我们将这类行为统称为"轻创业"。因为"轻创业"这一词正好符合这些创业人士"以个人关注的事物或个人的兴趣爱好为起点,轻松愉快地开展创业行为"的特征。

  正如我们大家所知道的一样,中国在近两三年内迎来了第四次创业浪潮。在上世纪80年代,为了维持生计,很多人成为了个体户。之后的90年代里又有很多人为了提高生活水准,不惜放弃公务员、公司职员等稳定的工作,投身到"下海"的浪潮中。进入2000年后,受IT浪潮的影响,大批年轻人为获得一掷千金的机会而投身于网络创业的事也让我们至今记忆犹新。虽然在不同的时代背景下生活者的创业目的各有不同,但是他们对改善自身生活水准和追求经济富裕的欲望一直都非常强烈。

  相比之下,最近出现的"轻创业者"已经明显有了区别于以往创业者的特征。他们以个人的需求为起点,察觉到自身周边或社会上的需求,并将"社会视线"带入到自己的生活营造活动中。

  过去,大多数人对创业的印象是压力山大,辛苦劳累等等。然而,最近的"轻创业"却给人们一种不仅轻松愉快,并且十分有意思的感觉,让人一下子对创业的印象有了改变。另一方面,所谓的共享经济这一新形态的商品和服务提供方式如今正盛行全球。从最初的拼车软件、民宿短租服务到今时今日甚至将自家的餐桌与他人共享,各式各样的新型服务不断涌现出来。放眼整个世界,生活者以科技的发展和社交网络的进化为根基,通过活用社交网络来交换或分享商品和服务的现象也属普遍。

我们想强调的是,中国的生活者不只是以交换或分享各自的多余资产为目的,在拥有买方身份的同时也具备卖方的身份,拥有这双重身份的生活者在开展活动的过程中不断发现新的可能性,使得众多原本未被发现的潜在需求显现化,继而不断创造出新的消费市场。诸多获得"社会头衔"的生活者,汇聚成了一股可以推动消费社会发展和改善的重要能量。今年的关键词"衔能"正是用于展现这股能量,是我们为了传达当今生活者的行为变化所带来的影响力而创造的新词。

在信息传播领域,关于"生活者主导社会"这一理论的探讨已经为数不少。我们预测,随着今后拥有"衔能"的生活者的不断涌现,不仅是信息传播领域,在整个消费领域中,他们的影响力也将日益扩大。今后我们也将不断关注和继续研究"衔能"影响下的消费社会的变化,也由衷地希望能与各企业团体及每一位生活者携手共进,去共同刻画美好的未来景象。

博报堂生活综研(上海) 全体研究员

■

■ 博报堂生活综研（上海）

大熊健二

钟　鸣

多湖广

王慧蓉

包　旭

周　吉


加藤敏明



中国传媒大学　广告学院

丁俊杰
（中国传媒大学广告学院院长 教授）

黄京华
（中国传媒大学广告学院广告学系主任 教授）


项目协助

杨佐彧

佐藤格

李宜华


石井雅士

方华英


蒋雪妮

陈世祯

成 为 新 产 品 和 服 务 提 供 方 的
生 活 者 及 其 影 响 力

# 衔　能

生活者 "动" 察2016
The Dynamics of Chinese People
博 报 堂 生 活 综 研（上海）

图书在版编目(CIP)数据

衔能：成为新产品和服务提供方的生活者及其影响力 / 博报堂
生活综研（上海）市场营销咨询有限公司著.
—上海: 文汇出版社, 2016.12
ISBN 978-7-5496-1914-6

Ⅰ. ①衔… Ⅱ. ①博… Ⅲ. ①市场营销－研究 Ⅳ. ①F713.5

中国版本图书馆CIP数据核字(2016)第274354号

**衔能：成为新产品和服务提供方的生活者及其影响力**

策划推进 / 博报堂生活综研(上海)市场营销咨询有限公司
责任编辑 / 戴铮
装帧设计 / 格拉慕可企业形象设计咨询(上海)有限公司
　　　　　上海蓝奇紫辉广告传媒有限公司

出版发行 / 文匯出版社
　　　　　上海市威海路755号
　　　　　（邮政编码200041）
经　　销 / 全国新华书店
印刷装订 / 上海锦佳印刷有限公司
版　　次 / 2016年12月第1版
印　　次 / 2016年12月第1次印刷
开　　本 / 889×1194　1/16
字　　数 / 60千
印　　张 / 9

ISBN978-7-5496-1914-6
定　　价 / 48.00元